Wehe, wirre, wunderliche Worte

(Hg. von Ulrich Tukur)

Wehe, wirre, wunderliche Worte

Deutsche Liebesgedichte
Ausgewählt von Ulrich Tukur

Photographien von
Katharina John

Ullstein

Inhalt

Vorwort von Ulrich Tukur 9

Frank Wedekind Mein Käthchen 13
Unbekannter Dichter Willst du dein Herz mir schenken 14
Hans Leip Drei rote Rosen 16
Christian Daniel Schubart Mädchenlaune 18
Max Herrmann-Neiße An einen Backfisch vom Bayrischen Platz 20
Rainer Maria Rilke Liebes-Lied 22
Paul Fleming Wie Er wolle geküsset seyn 23
Ulrich Tukur Ein Wienerlied 25
Heinrich Heine Ein Jüngling liebt ein Mädchen … 28
Johann Christian Günther Auf die Verstellung derer Frauenzimmer 29
Kurt Schwitters An Anna Blume 31
Gottfried August Bürger Liebeszauber 33
Karl Reinhard Der bescheidene Liebhaber 35
Detlev von Liliencron Hans der Schwärmer 37
Johann Elias Schlegel Mein Mann will nicht, ich darf's nicht wagen 40
Else Lasker-Schüler Ein Liebeslied 42
Bertolt Brecht Die Ballade vom Liebestod 43
Richard Dehmel Nicht doch 47

Joachim Ringelnatz Seemannstreue 49
Friedrich Leopold Graf zu Stolberg Wahl meiner künftigen Gattin und ihrer Eigenschaften 51
Rainer Maria Rilke Du bist, als ob du segnen müßtest 56
Christian Morgenstern Lieb ohne Worte 58
Karl Kraus Dein Fehler 59
Alfred Lichtenstein Der Rauch auf dem Felde 60
Erich Fried Was es ist 62
Eugen Roth Gezeiten der Liebe 63
Bertolt Brecht Erinnerung an die Marie A. 64
Gotthold Ephraim Lessing Die schlafende Laura 66
Hans Magnus Enzensberger Ich bin, was du vergessen hast 69
Johann Georg Greflinger An eine vortreffliche, schöne und tugendbegabte Jungfrau 71
An eine sehr häßliche Jungfrau 72
Max Herrmann-Neiße Dein Haar hat Lieder, die ich liebe 73
Günter Eich Tango 74
Mascha Kaléko Das letzte Mal 75
Heinrich Heine Sie saßen und tranken am Teetisch … 77
Joachim Ringelnatz Ferngruß von Bett zu Bett 78
Theodor Fontane Du siehst, es bleibt mit mir beim Alten 80
Hermann Hesse Ich liebe Frauen 82
Johann Nikolaus Götz An Phillis 83
Marie Luise Kaschnitz Am Strande 84
Bertolt Brecht Liebeslied 85

Johann Christian Günther Die Pest ergriff den Leib der schönen Flavia 86
Johann Wolfgang von Goethe Willkommen und Abschied 88
Adelbert von Chamisso Frauen-Liebe und Leben 91
Erich Fried Nur nicht 93
Marie Luise Kaschnitz Ad infinitum 95
Sarah Kirsch Bei den weißen Stiefmütterchen 96
Peter Rühmkorf Liebe Dich, Liebe 97
Siegfried Kawerau Wie ein Seemann seine Netze 99
Ulrich Tukur An einen kleinen Stern 101
Mascha Kaléko Großstadtliebe 103
Eduard Mörike Begegnung 105
Heinrich Heine Wir haben viel füreinander gefühlt ... 106
Erich Mühsam Liebesweisheit 107
Johann Christian Günther Als er der Phillis einen Ring mit einem Todten-Kopffe überreichte 109
Alfred Lichtenstein Nächtliches Abenteuer 110
Theodor Storm Du willst es nicht in Worten sagen 111
Otto Julius Bierbaum Charlotte 112
Hugo von Hofmannsthal Die Beiden 114
Christian Hofmann von Hofmannswaldau Die Wollust 115
Gottfried August Bürger Lust am Liebchen 118
Rose Ausländer Ich ging in dich hinein, wie in ein Feld 120

Erich Kästner Sachliche Romanze 121
Friedrich von Hagedorn Der ordentliche Hausstand 122
Bertolt Brecht Entdeckung an einer jungen Frau 124
Robert Gernhardt Ermunterung 126
Gotthold Ephraim Lessing Die eheliche Liebe 127
Joachim Ringelnatz Pipi 128
Hans Leip Die Brücke Tuledu 129
Michael Krüger Das elfte Gebot 131
Anna Louisa Karsch Der Liebhaberhut 132
Kurt Tucholsky Der andere Mann 134
Johann Christian Günther An seine Schöne 137
Detlev von Liliencron Der Handkuß 139
Otto Julius Bierbaum Gigerlette 141
Friedrich Rückert Zwölf Freier möcht' ich haben 143
Matthias Koeppel Purrnogarrapfhü 144
Frank Wedekind Brigitte B. 145
Eduard Mörike Nimmersatte Liebe 148
Max Herrmann-Neiße Liebeslied 150
Christian Hofmann von Hofmannswaldau Wo sind die Stunden 152
Karl Krolow Gedicht für J. S. 154
Wolfgang Borchert Abschied 156
Rainer Maria Rilke Mein Herz 157
Janosch Das Liebesbrief-Ei 158

Quellennachweis 161

Vorwort

Als sich der junge Edelknappe zum zweiten Mal von der Klippe in die tosende See stürzte, um seinem König den goldenen Becher vom Grunde wieder heraufzuholen, war mir klar, daß er das nicht überleben würde. Schon der erste Tauchgang war an Dramatik nicht zu überbieten. Es war ein Abenteuerfilm, der mich in die purpurnen Abgründe des Ozeans riss, zwischen Haifische, Rochen und drachenhafte Meeresungeheuer. Und noch heute sehe ich den goldenen Becher, wie er schimmernd an der Spitze einer Koralle hängt, die den Sturz ins Bodenlose verhinderte.

Vor dem Schlafengehen hatte ich meinem Vater zugehört, der mir im Licht einer Nachttischlampe Schillers Ballade vom Taucher vorlas. Von da an liebte ich Balladen, möglichst lange, blutrünstige und solche, für die man sich Ärger einhandeln würde, trüge man sie heute in deutschen Klassenzimmern vor.

Bald darauf entdeckte ich den Reiz und stillen Zauber kürzerer Gedichte, die mir wie Edelsteine schienen, die man sich in die Tasche stecken konnte, um mit ihnen herumzulaufen und sie auswendig zu lernen. In ihrem filigranen Schliff spiegelten und brachen sich Gefühle, Stimmungen und feinste Seelenbewegungen, die vielleicht auch meine waren, für die ich aber nie solch wunderbaren Ausdruck gefunden hätte.

Für jede Befindlichkeit – und sie änderten sich ständig mit den Jahren – fand ich das richtige Gedicht. Meine Ängste, meine Unruhe, meine Sehnsüchte und Seligkeiten – da waren sie in funkelnde Worte gefaßt, und ahnend begriff ich das Geheimnis des Lebens und erstarb vor Bewunderung für seine Dichter.

Als ich mich das erste Mal richtig verliebte, halfen mir Novalis und Eichendorff, mit dem Durcheinander fertig zu werden, dann waren es Hölderlin, Rilke oder Georg Trakl, die meine aufgewühlte Seele besänftigten, und später, als ich etwas von der Groteskerie des Lebens verstanden hatte, liebte ich Ringelnatz, Morgenstern oder die charmant melancholische Mascha Kaléko.

Ein Leben ohne Gedichte, diese kleinen Leuchtfeuer in der Dunkelheit, ist mir auch heute nicht vorstellbar. Neben der Furcht vor dem Tod ist die Erfahrung der Liebe das Prägendste und Tiefste, was einem Menschen im Laufe seines Daseins widerfährt, und bewußt oder unbewußt ist er auf der steten Suche nach dem Anderen, der ihn erst ganz und vollständig macht. Weil er aber ahnt, daß es diese Erfüllung in der Wirklichkeit nicht geben kann, wird er immer versuchen, sie in einer anderen Sphäre zu erreichen. Dorthin trägt er seine Empfindungen, und im Sublimat der Dichtung beginnen sie ein eigenes Leben, das schöner und wahrhaftiger ist, als es jede Wirklichkeit sein könnte.

Ich freue mich, Ihnen, liebe Leser, dieses kleine, feine Bändchen mit meinen liebsten Gedichten vorlegen zu können, die auf sehr unterschiedliche Weise um das große Thema kreisen, und sie berichten auch davon, wie rauh es in den Gefilden der Glückseligkeit zugehen kann. Damit es Ihnen aber nicht vor Schreck oder Verwunderung die Sprache verschlägt, gebe ich lieber gleich zu, daß ich es gewagt habe, zwei Eigenproduktionen in die vorliegende Sammlung erlauchter Liebeslyrik einzuschmuggeln. Nicht um mich frech neben die großen Dichter zu stellen, sondern um der Redaktion der Schülerzeitung des Franziskanergymnasiums Kreuzburg zu Großkrotzenburg endlich heimzuzahlen, daß sie mir 1971 den Abdruck meiner *Ode an die Weiblichkeit* aus fadenscheinigen Gründen verweigerte. Ich hoffe, Sie verzeihen mir meine Rachsucht.

Katharina John hat in ihren Photographien tanzende Paare eingefangen. Im Tanz (wie im Gedicht) findet der Mensch eine leichte, spielerische Form, die Einsamkeit, Distanz und Sprachlosigkeit aufhebt. Wir erleben einen flüchtigen Augenblick von großer Nähe und Schönheit. Zwei Menschen unterschiedlichster Herkunft verbinden sich, ohne einander wehzutun.

Als ich die Ballade vom Taucher jetzt nach all den Jahren wieder las, fiel mir etwas auf, das mir damals entgangen war. Der junge Knappe stürzt sich nicht etwa aus Tollkühnheit, Leichtsinn oder gar Pflichtbewußtsein in sein Verderben, nein, er tut es, weil ihn ein hübsches Mädchen anlächelte und ihre Augen ihm den Himmel auf Erden versprachen.

Frank Wedekind

1864–1918

Mein Käthchen

Mein Käthchen fordert zum Lohne
Von mir ein Liebesgedicht.
Ich sage: Mein Käthchen verschone
Mich damit, ich kann das nicht;

Ob überhaupt ich dich liebe,
Das weiß ich nicht so genau;
Zwar sagst du ganz richtig, das bliebe
Gleichgültig; doch, Käthchen, schau:

Wenn ich die Liebe bedichte,
Bedicht' ich sie immer vorher,
Denn wenn vorbei die Geschichte,
Wird mir das Dichten zu schwer.

Unbekannter Dichter

Willst du dein Herz mir schenken

Willst du dein Herz mir schenken,
So fang es heimlich an,
Daß unser beider Denken
Niemand erraten kann.
Die Liebe muß bei beiden
Allzeit verschwiegen sein,
Drum schließ die größten Freuden
In deinem Herzen ein!

Behutsam sei und schweige
Und traue keiner Wand,
Lieb innerlich und zeige
Dich außen unbekannt:
Kein Argwohn mußt du geben,
Verstellung nötig ist,
Genug, daß du, mein Leben,
Der Treu versichert bist.

Begehre keine Blicke
Von meiner Liebe nicht.
Der Neid hat viele Tücke
Auf unsern Bund gericht.

Du mußt die Brust verschließen,
Halt deine Neigung ein,
Die Lust, die wir genießen,
Muß ein Geheimnis sein.

Zu frei sein, sich ergehen,
Hat oft Gefahr gebracht.
Man muß sich wohl verstehen,
Weil ein falsch Auge wacht.
Du mußt den Spruch bedenken,
Den ich vorher getan:
Willst du dein Herz mir schenken,
So fang es heimlich an.

Hans Leip

1893–1983

Drei rote Rosen

Drei rote Rosen gab sie mir
Mit ihrer zarten Hand
Die duften hier, die welken hier,
Und wenn sie welken, landen wir
In einem fremden Land

Da steht ein Mädchen schon bereit,
Winkt über Land und Meer.
Sie hat gewartet alle Zeit,
Oh, Abschiedsweh, oh, Herzeleid,
Oh, süße Wiederkehr

Uns schneidet es, warum du weinst,
Dein armes Herz entzwei:
Lebwohl, ade, es geht vorbei,
Und einmal wird es wieder Mai
Und fast so schön wie einst,
Und fast so schön wie einst

Christian Daniel Schubart

1739–1791

Mädchenlaune

Die Mädels sind veränderlich,
Heut so und morgen so;
Kaum zeigt ein Rosenwölklein sich,
So sind sie hell und froh!
Doch morgen?
Ei, wie geschwind
Dreht sich der Wind!

Sobald ein rauhes Lüftlein weht,
Grämt sich das Mädel tief;
Ein Zährlein ihr im Äuglein steht,
Das Mündlein krümmt sie schief.
Doch morgen?
Tralla la la!
Hopsa sa sa!

Das Mädel sieht dich liebreich an,
Du traust dem schlauen Blick,
Und schwindelst auf zur Sonnenbahn,
Und träumst von deinem Glück.
Doch morgen?
Kennt sie dich kaum;
Nichtiger Traum!

Ihr Mädels, dreht mir noch so süß
Die Äuglein hin und her,
Und kämt ihr aus dem Paradies;
So traut' ich keiner mehr.
Ihr Falschen!
Heut seid ihr heiß!
Morgen, wie Eis!

Max Herrmann-Neiße

1886–1941

An einen Backfisch vom Bayrischen Platz

Ich liebe dich, du schwarzgelockte Pleite,
die Schmalheit deiner Beine ist verrucht!
Warum stört stets an deiner grünen Seite
ein Rechner, der die Liebesblicke bucht?
Dein kurzes Röckchen birgt Krieg oder Frieden,
dein Lächeln macht zum Jüngling, macht zum Greis.
Und hab ich sieben Tage dich gemieden,
zieh ich im achten wieder meinen Kreis
um deine hochmütig flimmernde Seite,
die jedes Mal ein neues Spiel beginnt.
Du schaukelst dich, unnahbar wie Kamele,
durch deiner Freier heitres Labyrinth.
Zum Markt, den du regierst, hast du verwandelt
die Sklavenmärkte aus dem Orient;
nicht du wirst hier, wir werden hier verhandelt,
dein Namenszug in unserm Fleische brennt.
Du wählst den aus, der deinem Willen zage
sich beugen darf und deine Pracht bezahlt.
Ich habe alle Nächte, alle Tage
nur stets mit einer falschen Macht geprahlt.

Längst ging das Graun an meiner grünen Seite.
Dich anzulächeln war mir Atemnot.
So bist du, Mädchen, meine letzte Pleite,
und deine schmalen Beine sind mein Tod.

Rainer Maria Rilke

1875–1926

Liebes-Lied

Wie soll ich meine Seele halten, daß
sie nicht an deine rührt? Wie soll ich sie
hinheben über dich zu andern Dingen?
Ach gerne möcht ich sie bei irgendwas
Verlorenem im Dunkel unterbringen
an einer fremden stillen Stelle, die
nicht weiterschwingt, wenn deine Tiefen
schwingen.
Doch alles, was uns anrührt, dich und mich,
nimmt uns zusammen wie ein Bogenstrich,
der aus zwei Saiten eine Stimme zieht.
Auf welches Instrument sind wir gespannt?
Und welcher Geiger hat uns in der Hand?
O süßes Lied.

Paul Fleming

1609–1640

Wie er wolle geküsset seyn

Nirgends hin als auff den Mund,
da sinckts in deß Hertzens Grund.
Nicht zu frey, nicht zu gezwungen,
nicht mit gar zu fauler Zungen.

Nicht zu wenig, nicht zu viel!
Beydes wird sonst Kinder-spiel.
Nicht zu laut und nicht zu leise
Beyder Maß‘ ist rechte Weise.

Nicht zu nahe, nicht zu weit.
Diß macht Kummer, jenes Leid.
Nicht zu trucken, nicht zu feuchte
wie Adonis Venus reichte.

Nicht zu harte, nicht zu weich.
Bald zugleich, bald nicht zugleich.
Nicht zu langsam, nicht zu schnelle,
Nicht ohn Unterscheid der Stelle.

Halb gebissen, halb gehaucht.
Halb die Lippen eingetaucht.
Nicht ohn Unterscheid der Zeiten.
Mehr alleine denn bei Leuten.

Küsse nun ein Jedermann
wie er weiß/will/soll und kan.
Ich nur/und die Liebste wissen/
wie wir uns recht sollen küssen.

Ulrich Tukur

geb. 1957

Ein Wienerlied

(Walzer im Viervierteltakt)

Wenn ich morgens aufwach, machst du mir Kaffee
Und lächelst und bist fröhlich und so süß
Am Nachmittag reichst du Gebäck und heißen Tee
Und kochen kannst du besser als Bocuse
Am Abend dann massierst du mir den Rücken
Und machst das Bett und führst den Hund hinaus
Ja, alles, was du tust, ist zum Entzücken
Und wenn ich schlaf, machst du die Lichter aus

Ich lieb dich so, drum werd ich dich erschlagen
Ich lieb dich so, verzeih mir, es muß sein
Und bist du tot, dann werd ich dich beklagen
Bei einem Flascherl Gumpoldskirchner Wein
Dein ganzes Leben hast du mir nur Glück gebracht
Doch plötzlich wurd' mir fad und ich hab mir gedacht:

Ich lieb dich so, drum werd ich dich erschlagen
Ich lieb dich so, verzeih mir, du mußt gehen

Wenn's mir einmal schlecht geht, bist du gleich
zur Stell
Und tröstest oder gibst mir Aspirin
Jede Dunkelheit machst du mir wieder hell
Wie einen Frühlingstag im schönen Wien
Und wenn ich pleite bin, verkaufst du die
Brillanten
Die du geerbt hast von der lieben Großmama
Auch Gold und Silber von diversen Tanten
Ja, du bist unbezahlbar und ganz wunderbar!

Ich lieb dich so, drum muß ich dich erhängen
Ich lieb dich so, verzeih mir, es muß sein
Und feiern will ich deinen Abschied mit
Gesängen
Die süßer sind als Gumpoldskirchner Wein
Und hängst du dann am Fensterkreuz in
deinem Lieblingskleid
Denk ich voll Dankbarkeit an uns're wunder-
schöne Zeit
Ich lieb dich so, drum muß ich dich erhängen
Ich lieb dich so, verzeih mir, du mußt gehn!

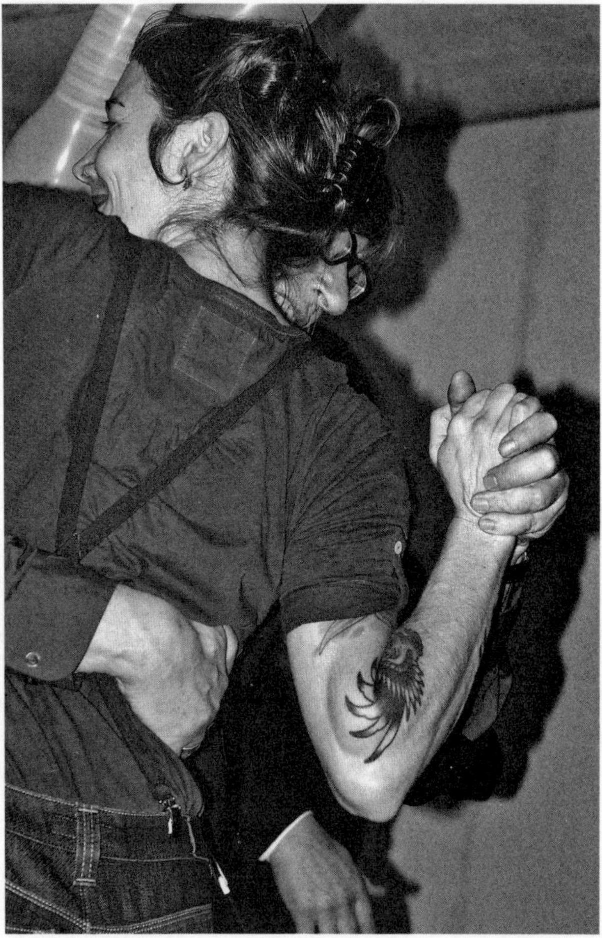

Heinrich Heine

1797–1856

Ein Jüngling liebt ein Mädchen,
Die hat einen andern erwählt;
Der andre liebt eine andre
Und hat sich mit dieser vermählt.

Das Mädchen heiratet aus Ärger
Den ersten besten Mann,
Der ihr in den Weg gelaufen;
Der Jüngling ist übel dran.

Es ist eine alte Geschichte,
Doch bleibt sie immer neu;
Und wem sie just passieret,
Dem bricht das Herz entzwei.

Johann Christian Günther

1695–1723

Auf die Verstellung derer Frauenzimmer

Mädgens, stellt euch nicht so spröde
Und entflieht uns nicht so fern!
Scheint gleich euer Antlitz blöde,
Hat es doch das Herze gern:
Küst man euch, so heist es thahlen*;
Ich versteh wohl, das sind Schalen,
Darum wollt ihr nur den Kern.

Wenn wir etwan Rosen brechen
Und in Busen stehlen gehn,
Wollt ihr flugs mit Nadeln stechen
Und den Galgen gleich erhöhn;
Ja, ihr flucht wohl um die Wette
Und entlauft uns bis zum Bette,
Nur damit wir schärfer stehn.

Meint nicht, daß es niemand mercke,
Wie es euch geheim verdreust,
Wenn man zu dem süßen Wercke

* kindische, läppische Dinge reden und tun, verliebt tändeln

Gar zu fromm und christlich heist;
Denn da könt ihr bey den Schwestern
Deßen Einfalt gut verlästern,
Der sich gar zu feig erweist.

Wenn ihr uns den Mund entrücket,
Wollt ihr nur gezwungen seyn,
Wenn man den nun ernstlich drücket,
Hört man keine Feuer schreyn.
Kurz! ihr pfleget in dem Lieben
Nie kein Waßer zu betrüben,
Sondern plumpt mit uns hinein.

Kurt Schwitters

1887–1948

An Anna Blume

Oh Du, Geliebte meiner 27 Sinne, ich liebe Dir!
Du, Deiner, Dich Dir, ich Dir, Du mir, -- wir?
Das gehört beiläufig nicht hierher!
Wer bist Du, ungezähltes Frauenzimmer,
Du bist, bist Du?
Die Leute sagen, Du wärest.
Laß sie sagen, sie wissen nicht, wie der
Kirchturm steht.
Du trägst den Hut auf Deinen Füßen und
wanderst auf die Hände,
Auf den Händen wanderst Du.
Halloh, Deine roten Kleider, in weiße Falten
zersägt,
Rot liebe ich Anna Blume, rot liebe ich Dir.
Du, Deiner, Dich Dir, ich Dir, Du mir, --- wir?
Das gehört beiläufig in die kalte Glut!
Anna Blume, rote Anna Blume, wie sagen
die Leute?
Preisfrage:
1. Anna Blume hat ein Vogel,
2. Anna Blume ist rot.
3. Welche Farbe hat der Vogel?
Blau ist die Farbe Deines gelben Haares,

Rot ist die Farbe Deines grünen Vogels.
Du schlichtes Mädchen im Alltagskleid,
Du liebes grünes Tier, ich liebe Dir!
Du Deiner Dich Dir, ich Dir, Du mir, -- wir!
Das gehört beiläufig in die -- Glutenkiste.
Anna Blume, Anna, A--N--N--A!
Ich träufle Deinen Namen.
Dein Name tropft wie weiches Rindertalg.
Weißt Du es Anna, weißt Du es schon,
Man kann Dich auch von hinten lesen.
Und Du, Du Herrlichste von allen,
Du bist von hinten, wie von vorne:
A---N---N---A.
Rindertalg träufelt STREICHELN über
meinen Rücken.
Anna Blume,
Du tropfes Tier,
Ich----liebe----Dir!

Gottfried August Bürger

1747–1794

Liebeszauber

Mädel, schau mir ins Gesicht!
Schelmenauge, blinzle nicht!
Mädel, merke was ich sage!
Gib mir Rede, wenn ich frage!
Holla, hoch mir ins Gesicht!
Schelmenauge, blinzle nicht!

Bist nicht häßlich, das ist wahr!
Äuglein hast du, blau und klar;
Wang und Mund sind süße Feigen:
Ach! vom Busen ganz zu schweigen!
Reizend, Liebchen, das ist wahr,
Reizend bist du offenbar.

Aber reizend her und hin!
Bist ja doch nicht Kaiserin;
Nicht die Kaiserin der Schönen.
Wer wird dich allein nur krönen?
Reizend her und reizend hin!
Viel fehlt noch zur Kaiserin!

Hundert Schönen sicherlich,
Hundert, hundert! fänden sich,
Die vor Eifer würden lodern,

Dich auf Schönheit rauszufodern;
Hundert Schönen fänden sich,
Hundert siegten über dich.

Dennoch hegst du Kaiserrecht
Über deinen treuen Knecht,
Kaiserrecht in seinem Herzen,
Bald zu Wonne, bald zu Schmerzen.
Tod und Leben, Kaiserrecht,
Nimmt von dir der treue Knecht!

Hundert ist wohl große Zahl;
Aber, Liebchen, laß es mal,
Hunderttausend Schönen wagen,
Dich von Thron und Reich zu jagen!
Hunderttausend! Welche Zahl!
Sie verlören allzumal.

Schelmenauge, Schelmenmund,
Sieh mich an und tu mir's kund!
He, warum bist du die Meine?
Du allein und anders Keine?
Sieh mich an und tu mir's kund,
Schelmenauge, Schelmenmund!

Sinnig forsch' ich auf und ab:
Was so ganz dir hin mich gab? –
Ha! Durch nichts mich so zu zwingen,
Geht nicht zu mit rechten Dingen.
Zaubermädel, auf und ab.
Sprich, wo ist dein Zauberstab?

Karl Reinhard

1769–1840

Der bescheidene Liebhaber

Wohin so spät allein?
Du könntest doch verlieren.
Komm, Kind, ich will dich führen:
Du mußt hübsch artig sein.

Fall ja nicht hier hinein!
Wart, allerschönstes Leben.
Ich will dich überheben:
Du mußt hübsch artig sein!

Halt doch mit Laufen ein.
Du brauchst dich nicht zu schämen,
laß mich ein Küßchen nehmen:
Du mußt hübsch artig sein!

Der Mond birgt seinen Schein.
Laß uns bei jenen Buchen
Den Flüchtling wiedersuchen:
Du mußt hübsch artig sein!

Hier ist es weich und rein.
Hier laß uns niederlegen
Und uns der Ruhe pflegen:
Du mußt hübsch artig sein!

Es weht so kalt im Hain.
Laß uns zusammenrücken,
uns aneinanderdrücken:
Du mußt hübsch artig sein!

So schläft die Hand mir ein.
Laß mich, sie aufzuwecken,
sie unters Halstuch stecken:
Du mußt hübsch artig sein!

Vergebens wirst du schrein.
Was hilft es, dich zu wehren?
Es kann dich niemand hören:
Du mußt hübsch artig sein!

Du bist nun einmal mein.
Doch Liebchen, sei nicht bange,
daß ich zu viel von dir verlange:
Du mußt nur artig sein!

Detlev von Liliencron

1844–1909

Hans der Schwärmer

Hans Töffel liebt Schön Doris sehr,
Schön Doris Hans Töffel vielleicht noch mehr.
Doch seine Liebe, ich weiß nicht wie,
ist zu scheu, zu schüchtern, zu viel Elegie.
Im Kreise liest er Gedichte vor,
Schön Doris steht unten am Gartentor:
ach, käm' er doch frisch zu mir hergesprungen,
Wie wollt' ich ihn herzen, den lieben Jungen.
    Hans Töffel liest oben Gedichte.

Am andern Abend, der blöde Thor,
Hans Töffel trägt wieder Gedichte vor,
was Schön Doris wirklich sehr verdrießt,
Daß er immer weiter und weiter liest.
Sie schleicht sich hinaus, er gewahrt es nicht,
just sagt er von Heine ein herrlich Gedicht.
Schön Doris steht unten in Rosendüften
und hätte so gern seinen Arm um die Hüften.
    Hans Töffel liest oben Gedichte.

Am andern Abend ist großes Fest,
viel Menschen sind eng aneinandergepreßt.
Heut muß er's doch endlich sehn der Poet,

wenn Schön Doris sacht aus der Türe geht.
Der Junker Hans Jürgen, der merkt es gleich;
die Linden duften, die Nacht ist so weich.
Und unten im stillen, dunklen Garten
braucht heute Schön Doris nicht lange zu warten.
    Hans Töffel liest oben Gedichte.

Johann Elias Schlegel

1719–1749

Mein Mann will nicht, ich darf's nicht wagen

Mein Mann will nicht, ich darf's nicht wagen,
Ich muß nur immer ernsthaft sein.
Ich darf nichts Aufgeräumtes sagen,
und was man saget, nicht verstehn.
Den Mund zu spitzen
Und still zu sitzen,
läßt auch nicht sein.
Er kann's nicht hören.
Wer wird mir's wehren?
Itzt darf ich doch wohl freundlich sein.

Mein Mann will nicht, ich soll nicht spielen,
das Tanzen ist nur Eitelkeit;
durch Singen lernt man Liebe fühlen,
durch Lustigsein vergeht die Zeit.
Was geht die Jugend
Die strenge Tugend
Der Alten an?
Die Männer müssen
Nicht alles wissen.
Mich dünkt, daß ich wohl spielen kann.

Mein Mann will nicht Gesellschaft haben:
Es nützet nichts und kostet Geld.
Ich muß mich lebend selbst begraben
Aus Furcht vor der verkehrten Welt.
Doch was tut immer
Ein Frauenzimmer
So ganz allein?
Er liegt im Neste
Und schläft so feste.
Herr Nachbar! Komm Er nur herein!

Else Lasker-Schüler

1869–1945

Ein Liebeslied

Komm zu mir in der Nacht – wir schlafen
engverschlungen.
Müde bin ich sehr, vom Wachen einsam.
Ein fremder Vogel hat in dunkler Frühe schon
gesungen,
Als noch mein Traum mit sich und mir
gerungen.

Es öffnen Blumen sich vor allen Quellen
Und färben sich mit deiner Augen
Immortellen ...

Komm zu mir in der Nacht auf Siebensternen-
schuhen
Und Liebe eingehüllt spät in mein Zelt.
Es steigen Monde aus verstaubten Himmels-
truhen.

Wir wollen wie zwei seltene Tiere liebesruhen
Im hohen Rohre hinter dieser Welt.

Bertolt Brecht

1898–1956

Die Ballade vom Liebestod

1

Von schwarzem Regen siebenfach zerfressen
Ein schmieriger Gaumen, der die Liebe frißt
Mit Mullstores, die wie Totenlaken nässen:
Das ist die Kammer, die die letzte ist.

2

Aussätzig die Tapeten, weiß vom Schimmel!
In Hölzer sie gepfercht, verschweißt und hart:
Wie lieblich scheinet der verschlißne Himmel
Dem weißen Paare, das sich himmlisch paart.

3

Im Anfang sitzt er oft in nassen Tüchern
Und raucht Virginias, schwarz, die sie ihm gibt
Und nützt die Zeit, ihr nickend zu versichern
Mit halbgeschlossenem Lid, daß er sie liebt.

4

Sie fühlt, wie er behaart ist und so weise!
Er sieht im Schlitz des Lids den Tag verschwemmt
Und grün wie Seife wölkt sich das Gehäuse

Des Himmels und ihm schwant: jetzt fault
mein Hemd.

5

Sie gießen Kognak in die trocknen Leichen
Er füttert sie mit grünem Abendlicht
Und es entzünden sich schon ihre Weichen
Und es verblaßt schon mählich ihr Gesicht.

6

Sie ist wie eine halbersoffne Wiese
(Sie sind verwaist und taub, im Fleische matt!)
Er will gern schlafen, wenn sie ihn nur ließe!
Ein grüner Himmel, der geregnet hat!

7

Am zweiten Tag hüllen sie die Leichen
In steife Tücher, den verschweißten Store
Und nehmen schmierige Laken in die Weichen
Weil sie jetzt wissen, daß es sie oft fror.

8

Und ach, die Liebe ging durch sie so schneidend
Wie wenn Gott Hageleis durch Wasser schmiß!
Und tief in ihnen quoll, sie ganz ausweidend
Und dick wie Hefe grüne Bitternis.

9

Von Schweiß, Urin Geruch in ihren Haaren
Sie wittern ferner nicht mehr Morgenluft.

———

Es kommt der Morgen wahrlich noch nach Jahren
Vertiert und grau in die Tapetengruft.

10

Ach, ihr zarter Kinderleib perlmuttern!
Holz und Liebe schlugen ihn so rauh
Schmilzt wie Holz salzflutzerschlagner Kutter
Unter Sturmflut! Gras in zuviel Tau!

11

Ach, die Hand an ihrer Brust wie gräsern!
In den Beinen schwarzer Pestgestank!
Milde Luft floß ab an Fenstergläsern
Und sie staken im verfaulten Schrank!

12

Wie Spülicht floß der Abend an die Scheiben
Und die Gardinen räudig von Tabak.
In grünen Wassern zwei Geliebte treiben
Von Liebe ganz durchregnet, wie ein Wrack

13

Am Meergrund, das geborsten, in den Tropen
Zwischen Algen und weißlichen Fischen hängt
Und von einem Salzwind über der Fläche oben
Tief in den Wassern unten zu schaukeln anfängt.

14

Am vierten Tage, in der Früh, mit Streichen
Knirschender Äxte brachen Nachbarn ein

Und hörten Stille dort und sahen Leichen
(Und munkelten von einem grünen Schein

Der von Gesichtern ausgehn kann), auch roch noch
Verliebt das Bett, das Fenster borst vor Frost:
Ein Leichnam ist was Kaltes! Ach, es kroch noch
Ein schwarzer Faden Kälte aus der Brust.

Richard Dehmel

1863–1920

Nicht doch

Mädel, laß das Stricken, geh,
tu den Strumpf bei Seite heute;
das ist was für alte Leute,
für die jungen blüht der Klee!
Laß, mein Kind,
komm, mein Schätzchen;
siehst du nicht, der Abendwind
schäkert mit den Weidenkätzchen! –

Mädel liebes, sieh doch nicht
immer so bei Seite heute;
das ist was für alte Leute,
junge sehn sich ins Gesicht!
Komm, mein Kind,
sieh doch, Schätzchen:
über uns der Abendwind
schäkert mit den Weidenkätzchen! –

Siehst du, Mädel, wars nicht nett
so an meiner Seite heute?
Das ist was für junge Leute,
alte gehn allein zu Bett.

Was denn, Kind?
weinen, Schätzchen?
Nicht doch! sieh, der Abendwind
schäkert mit den Weidenkätzchen! –

Joachim Ringelnatz

1883–1934

Seemannstreue

Nafikare necesse est.
Meine längste Braut war Alwine.
Ihrer blauen Augen Gelatine
Ist schon längst zerlaufen und verwest. –
Alwine sang so schön das Lied:
»Ein Jäger aus Kurpfalz«.

Wie Passatwind stand ihr der Humor.
– Sonntags morgens wurde sie bestattet
In der Heide, wo kein Bäumchen schattet,
Und auch ihre Unschuld einst verlor.

Donnerstags grub ich sie wieder aus.
Da kamen mir schon ihre Ohrlappen
So sonderbar vor.

Freitags grub ich sie dann wieder ein.
Niemand sah das in der stillen Heide. –
Montags wieder aus. Von ihrem Kleide,
Das man ihr ins Grab gegeben hatte,
Schnitt ich eine Handbreit gelber Seide,
Und die trägt mein Bruder als Krawatte. –

Gruslig war's: Bei dunklem oder feuchten
Wetter fing Alwine an zu leuchten.
Trotzdem parallel zu ihr verweilen
Wollt ich ewiglich und immerdar.
Bis sie schließlich an den weichen Teilen
Schon ganz anders und ganz flüssig war.

Aus. Ein. Aus; so grub ich viele Wochen.
Doch es hat zuletzt zu schlecht gerochen.
Und die Nase wurde blauer Saft,
Wodrin lange Fadenwürmer krochen. –
Nichts für ungut: das war ekelhaft. –
Und zuletzt sind mir die schlüpfrigen Knochen
Ausgeglitten und in lauter Stücke zerbrochen.

Und so nahm ich Abschied von die Stücke.
Ging mit einem Schoner nach Iquique,
Ohne jemals wieder ihr Gebein
Auszugraben. Oder anzufassen.

Denn man soll die Toten schlafen lassen.

Friedrich Leopold Graf zu Stolberg

1750–1819

Wahl meiner künftigen Gattin und ihrer Eigenschaften

Vivat, wer ohn' allen Eckel,
Auch den ärgsten Gassen-Reckel,
Frisch durch Läuse, Schorf und Dreck
Fuchst ins Teufels Namen weg.

Nicht weiß wie Milch und Blut, gepudert und frisiert,
Und mit dem reichsten Schmuck von Frankreich ausgeziert,
Nein, ruprigt, ledergelb und schmierig wie ein Schwein,
Soll die, die ich mir einst zur Gattin wähle, sein.

Mich reizt kein braunes Haar, in Locken sanft gewunden,
Worin sich mancher schon im Netz verstrickt, gefunden,
Nein, sträubig und mit Schorf, mit Läusen wohl geziert,
Und blutrot sei ihr Haar, mit gelben Talg geschmiert.

Nicht schalkhaft lächelnde, nicht große blaue
Augen,
Gemacht der Liebe Geist aus ihnen einzusaugen,
Nein, eitern müssen sie, wie Drachenaugen
glühn,
Und hoch am Tränenquell ein gelber Pettig
blühn.

Nicht griechisch, nicht antik, von Phideas
gerissen
Nein, stumpf und unpoliert, schon faulend
und beschissen,
Soll ihre Nase sein, mit Finnen übersäet,
Und stinkend wie die Pest in einem Lazarett.

Ein langes Ohr, aus dem ein Strom von Unrat
fließt,
Und wie aus dem Vesuv die Lava sich ergießt,
Ein leckeres Gemisch von Pettig, Blut und Salz,
Mit Schweiß und Grind vermischt und gelbem
Ohrenschmalz.

Ein schiefes Maul, verbaut mit platten Lippen,
An dessen Eingang her, zwei Reihen großer
Klippen
Zwei Hauer, so wie dort des Herkul's Säulen
stehn,
Und da den Höllenpfuhl, hochprangend
übersehn.

Es krön' ein Hasenschart den Quell von faulen
Düften,
Die alles um sich her verheeren und vergiften,
Der ohne Unterlaß in zähen Geifer schwimmt,
Und durch den stets ein Rotz ins Maul den
Eingang nimmt.

Es gleiche jeder Zahn verbrannten Palisaden,
Und sei ein Aufenthalt der Würmer und der
Maden,
Ganz hohl und kohlenschwarz in Scharbock
eingehüllt,
Und mit verfaultem Fleisch und Läusen
angefüllt.

Ein Hals, geschickt um die Anatomie zu lehren,
Ein Kopf und eine Brust, die doch in allen
Ehren,
Den zweien Zitzen gleicht, und schrumpfig
hangend platt,
An dieser sitzt der Krebs, wenn die den Fistel
hat.

Ein schlaffer Bauch gehängt auf zweien spitzen
Hüften,
Filzläuse weiden hier in unzählbaren Triften,
Ihr Puckel gleiche dem, von einem Elefant,
Auf welchem Rad und Pfahl, und Galgen
eingebrannt.

Der Sitz des Schreckens sei die ungeheure Votze,
Zerschrumpft und ohne Haar, verklebt mit
grünem Rotze,
An der seit Jahren schon manch kalter Bauer
hängt,
Mit Tripper, weißem Fluß und Schanker
untermengt.

Stets muß ein dicker Schleim aus dieser Quelle
träufen,
Und sich zu Händen hoch an ihre Öffnung
häufen,
Bis an den Lenden sich der Strom hinübergießt,
Und halb mit trägem Lauf ins Arschloch über-
fließt.

Zwei eingebogne Knie mit krummen Säbel-
beinen,
Die wie ein römisch X sich zu durchkreuzen
scheinen,
Und weil das Ende sich zum Anfang reimen
muß,
Den Knochenfraß am Bein, und den Verschwind
am Fuß.

So soll die Gattin sein, die ich mir einst erwähle,
Bös, eigensinnig, falsch, von teuflerischer Seele,
Dumm muß sie wie ein Rind, doch voller Tücke
sein.

Zerlumpt und bettelarm, doch stets voll
Branntewein.

Und soll sie vollends gar mein ganzes Herz
besiegen,
Muß sie die Schwerenot des Tages zehnmal
kriegen,
Mit jedem Hurenwirt und jedem Tambur gehn,
Und immer oben an, auf ihrer Liste stehn.

Werd ich dies Urbild einst, auf dieser Runde
finden,
Dann werd ich und nicht eher, auf ewig mich
verbinden,
Alsdann darf ich mich nicht, noch fürs Betrügen
scheun,
Und werde glücklicher als tausend Männer sein.

Sie träumten Engel sich, und fanden doch mit
Schrecken,
Wie unter Engel sich auch Teufel oft verstecken,
Ganz anders wird es mir mit dieser Gattin gehn,
Ich träumte Teufel mir, und werde Engel sehn.

Rainer Maria Rilke

1875–1926

Du bist, als ob du segnen müsstest

Du bist, als ob du segnen müßtest
wen die Madonnen längst vergaßen;
und oft, im Sommer, wenn du wüßtest:
da kamst du von den Abendstraßen
so klar, als ob du Kinder küßtest,
die traurig wo am Saume saßen.

Und jeder Rhythmus, der verschwiegen
aus stillen Wiesen aufgestiegen,
schien innig sich dir anzuschmiegen,
bis alles Winken, alles Wiegen
nur in *dir* war und nirgends mehr.
Und mir geschah: die Welt verginge –
und das Vermächtnis aller Dinge,
ihr letztes Lied, bringst du mir her …

Christian Morgenstern

1871–1914

Lieb ohne Worte

Mich erfüllt Liebestoben zu dir!
Ich bin deinst
als ob einst
wir vereinigst.

Sei du meinst!
Komm Liebchenstche zu mir –
ich vergehste sonst
sehnsuchstgepeinigst.

Achst, achst, schwachst schwachst arms
Wortleinstche, was? –
Genug denn, auch du, auch du liebsest.
Fühls, fühls ganzst ohne Worte: sei Meinstlein!
Ich sehne dich sprachlosestest.

Karl Kraus

1874–1936

Dein Fehler

Dein Fehler, Liebste, ach ich liebe ihn,
weil du ihn hast,
und er ist eine deiner liebsten Gaben.
Seh' ich an andern ihn, so seh' ich fast
dich selbst und sehe nach dem Fehler hin,
und alle will ich lieben, die ihn haben!

Fehlst du mir einst und fehlt dein Fehler mir,
weil du dahin,
wie wollt' ich, Liebste, lieber dich ergänzen
als durch den Fehler? Ach ich liebe ihn,
und seh' ich ihn schon längst nicht mehr an dir,
die Häßlichste wird mir durch ihn erglänzen!

Doch träte selbst die Schönste vor mich hin,
und fehlerlos,
ich wäre meines Drangs zu dir kein Hehler.
Ihr, die so vieles hat, fehlt eines bloß
und alles drum – ach wie vermiss' ich ihn –
ihr fehlt doch, Liebste, was mir fehlt: dein Fehler!

Alfred Lichtenstein

1889–1914

Der Rauch auf dem Felde

Lene Levi lief am Abend
Trippelnd, mit gerafften Röcken,
Durch die langen, leeren Straßen
Einer Vorstadt.

Und sie sprach verweinte, wehe,
Wirre, wunderliche Worte,
Die der Wind warf, daß sie knallten
Wie die Schoten,

Sich an Bäumen blutig ritzten
Und verfetzt an Häusern hingen
Und in diesen tauben Straßen
Einsam starben.

Lene Levi lief, bis alle
Dächer schiefe Mäuler zogen,
Und die Fenster Fratzen schnitten
Und die Schatten

Ganz betrunkne Späße machten –
Bis die Häuser hilflos wurden
Und die stumme Stadt vergangen
War in weiten

Feldern, die der Mond beschmierte …
Lenchen nahm aus ihrer Tasche
Eine Kiste mit Zigarren,
Zog sich weinend
Aus und rauchte …

Erich Fried

1921–1988

Was es ist

Es ist Unsinn
sagt die Vernunft
Es ist was es ist
sagt die Liebe

Es ist Unglück
sagt die Berechnung
Es ist nichts als Schmerz
sagt die Angst
Es ist Aussichtslos
sagt die Einsicht
Es ist was es ist
sagt die Liebe

Es ist lächerlich
sagt der Stolz
Es ist leichtsinnig
sagt die Vorsicht
Es ist unmöglich
sagt die Erfahrung
Es ist was es ist
sagt die Liebe

Eugen Roth

1895–1976

Gezeiten der Liebe

Ein Mensch schreibt mitternächtig tief
An die Geliebte einen Brief,
Der schwül und voller Nachtgefühl.
Sie aber kriegt ihn morgenkühl,
Liest gähnend ihn und wirft ihn weg.
Man sieht, der Brief verfehlt den Zweck.

Der Mensch, der nichts mehr von ihr hört,
Ist seinerseits mit Recht empört
Und schreibt am hellen Tag, gekränkt
Und saugrob, was er von ihr denkt.

Die Liebste kriegt den Brief am Abend,
Soeben sich entschlossen habend,
Den Menschen dennoch zu erhören.
Der Brief muss diesen Vorsatz stören.

Nun schreibt, die Grobheit abzubitten,
Der Mensch noch einen zarten dritten
Und vierten, fünften, sechsten, siebten
Der herzlos schweigenden Geliebten.

Doch bleibt vergeblich alle Schrift,
Wenn man zuerst daneben trifft.

Bertolt Brecht

1898–1956

Erinnerung an die Marie A.

1

An jenem Tag im blauen Mond September
Still unter einem jungen Pflaumenbaum
Da hielt ich sie, die stille bleiche Liebe
In meinem Arm wie einen holden Traum.
Und über uns im schönen Sommerhimmel
War eine Wolke, die ich lange sah
Sie war sehr weiß und ungeheuer oben
Und als ich aufsah, war sie nimmer da.

2

Seit jenem Tag sind viele, viele Monde
Geschwommen still hinunter und vorbei
Die Pflaumenbäume sind wohl abgehauen
Und fragst du mich, was mit der Liebe sei?
So sag ich dir: Ich kann mich nicht erinnern.
Und doch, gewiß, ich weiß schon, was du meinst
Doch ihr Gesicht, das weiß ich wirklich nimmer
Ich weiß nur mehr: Ich küßte es dereinst.

3

Und auch den Kuß, ich hätt ihn längst vergessen
Wenn nicht die Wolke dagewesen wär
Die weiß ich noch und werd ich immer wissen
Sie war sehr weiß und kam von oben her.
Die Pflaumenbäume blühn vielleicht noch immer
Und jene Frau hat jetzt vielleicht das siebte Kind
Doch jene Wolke blühte nur Minuten
Und als ich aufsah, schwand sie schon im Wind.

Gotthold Ephraim Lessing

1729–1781

Die schlafende Laura

Nachlässig hingestreckt,
Die Brust mit Flor bedeckt,
Der jedem Lüftchen wich,
Das säuselnd ihn durchstrich,
Ließ unter jenen Linden
Mein Glück mich Lauren finden.
Sie schlief, und weit und breit
Schlug jede Blum ihr Haupt zur Erden
Aus mißvergnügter Traurigkeit,
Von Lauren nicht gesehn zu werden.
Sie schlief, und weit und breit
Erschallten keine Nachtigallen
Aus weiser Furchtsamkeit,
Ihr minder zu gefallen,
Als ihr der Schlaf gefiel,
Als ihr der Traum gefiel,
Den sie vielleicht itzt träumte,
Von dem, ich hof' es, träumte,
Der staunend bei ihr stand
Und viel zu viel empfand,
Um deutlich zu empfinden,
Um noch es zu empfinden,
Wie viel er da empfand.

Ich ließ mich sanfte nieder,
Ich segnete, ich küßte sie,
Ich segnete und küßte wieder:
Und schnell erwachte sie.
Schnell taten sich die Augen auf.
Die Augen? – nein, der Himmel tat sich auf.

Hans Magnus Enzensberger

geb. 1921

Ich bin, was du vergessen hast

Ich bin die Hure an der Bar,
die ich vor hundert Jahren war.

Ich bin, was du vergessen hast.
Der ausgestorbene Palast,

der Mund bin ich, der dich verzehrt.
Ich bin die Nacht, die wiederkehrt.

Ich war, ich werde sein, ich bin
die maulbeerfarbne Negerin,

das Meer, das dir zu Füßen schäumt.
Ich bin der Hund, der von dir träumt.

Das Haschisch bin ich, das du rauchst.
Ich bin der Strom, den du verbrauchst.

Ich bin der Tropf, an dem du hängst,
der Haufen Geld, an den du denkst.

Ich bin das Auge, das dich sieht,
die Zarin, die vor dir hin kniet,

Und die dich in die Wüste schickt.
Ich bin der Stricher, der dich fickt.

Ich bin dein Engels und dein Marx.
Ich bin der Deckel deines Sargs,

das Fleisch, das du zu Abend ißt.
Ich bin dein Abgott und dein Mist.

Ich bin, ich werde sein, ich war
die Fledermaus in deinem Haar.

Johann Georg Greflinger

ca. 1620 – ca. 1677

An eine vortreffliche, schöne und tugendbegabte Jungfrau

Gelbe Haare Güldne Stricke,
Tauben-Augen, Sonnen-Blicke,
Schönes Mündlein von Corallen,
Zähnlein, die wie Perlen fallen.

Lieblichs Zünglein, in dem Sprachen
Süsses zörnen, süsses Lachen,
Schnee- und lilien weisse Wangen,
Die vol rother Rosen hangen.

Weisses Hälßlein, gleich den Schwanen,
Aermlein, die mich recht gemahnen,
Wie ein Schnee, der frisch gefallen,
Brüstlein wie zween Zuckerballen.

Lebens voller Alabaster,
Grosse Feindin aller Laster,
Frommer Hertzen schöner Spiegel,
Aller Freyheit güldner Zügel.

Außbund aller schönen Jugend,
Auffenthaltung aller Tugend,
Hof-Statt aller edlen Sitten,
Ihr habt mir mein Hertz bestritten.

An eine sehr hässliche Jungfrau

Graues Haar voll Läuß und Nisse,
Augen von Scharlack, vol Flüsse,
Blaues Maul vol kleiner Knochen,
Halb verrost und halb zerbrochen.

Blatter-Zunge, kranck zu sprachen,
Affischs-zörnen, Narren-lachen,
Runzel volle magre Wangen,
Die wie gelbe Blätter hangen.

Halß-Haut gleich den Morianen,
Arme, die mich recht gemahnen,
Wie ein Kind ins Koth gefallen,
Brüste wie zween Druckerballen.

Du bist so ein Alabaster,
Als ein wolberegntes Pflaster,
Aller Ungestalt ein Spiegel,
Aller Schönen Steigebügel.

Schimpff der Jungfern und der Jugend,
Unhuld aller lieben Tugend,
Einöd aller plumpen Sitten,
Lästu dich zum freyen bitten?

Max Herrmann-Neiße

1886–1941

Dein Haar hat Lieder, die ich liebe

Dein Haar hat Lieder, die ich liebe,
und sanfte Abende am Meer –
O glückte mir die Welt! O bliebe
mein Tag nicht stets unselig leer!

So kann ich nichts, als matt verlegen
vertrösten oder wehe tun,
und von den wundersamsten Wegen
bleibt mir der Staub nur auf den Schuhn.

Und meine Träume sind wie Diebe,
und meine Freuden frieren sehr –
dein Haar hat Lieder, die ich liebe,
und sanfte Abende am Meer.

Günter Eich

1907–1972

Tango

Plötzlich bist du voll Gesicht und Namen.
Landschaft war und ungewiß der Mund,
große Fläche Haut, und ohne Rahmen
spannten aus sich Stirn und Wiesengrund.

Neig doch übers Glas, es wird nicht bleiben
dieses frühre Bild, der Mund, der war,
es verwischt sich, in der Dämmerung treiben
Wolken über dem verwehten Haar.

Deine Füße stehn im Rot des Mohnes.
Und erinnre dich an Bucht und Meer,
an das Singen eines Grammophones
und den Mond, der herbstlich war und schwer.

Du bist da. Aus blauem Grunde,
welcher Himmel ist und unerklärlich weit,
wächst dein Atem und das runde
Auge, Zwielicht, Heiterkeit.

Mascha Kaléko

1907–1975

Das letzte Mal

… Den Abend werde ich wohl nie vergessen,
Denn mein Gedächtnis ist oft sehr brutal.
Du riefst: »Auf Wiedersehn«. Ich nickte stumm. –
Indessen
Ich wußte: dieses war das letzte Mal.

Als ich hinaustrat, hingen ein paar Sterne
Wie tot am Himmel. Glanzlos kalt wie Blech.
Und eine unscheinbare Gaslaterne
Stach in die Augen unbekümmert frech.

Ich fühlte deinen Blick durch Fensterscheiben.
Er ging noch manche Straße mit mir mit.
– Jetzt gab es keine Möglichkeit zu bleiben.
Die Zahl ging auf. Wir waren beide quitt.

Da lebt man nun zu zweien so daneben …
Was bleibt zurück? – Ein aufgewärmter Traum
Und außerdem ein unbewohnter Raum
In unserm sogenannten Innenleben.

Das ist ein neuer Abschnitt nach drei Jahren,
– Hab ich erst kühl und sachlich überlegt.

Dann bin ich mit der Zwölf nach Haus gefahren
Und hab mich schweigend in mein Bett gelegt …

Ich weiß, mir ging am 4. Januar
Ein ziemlich guterhaltnes Herz verloren.
– Und dennoch: Würd ich noch einmal geboren,
Es käme alles wieder, wie es war …

Heinrich Heine

1797–1856

Sie saßen und tranken am Teetisch,
Und sprachen von Liebe viel.
Die Herren, die waren ästhetisch,
Die Damen von zartem Gefühl.

»Die Liebe muß sein platonisch«,
Der dürre Hofrat sprach.
Die Hofrätin lächelt ironisch,
Und dennoch seufzet sie: »Ach!«

Der Domherr öffnet den Mund weit:
»Die Liebe sei nicht zu roh,
Sie schadet sonst der Gesundheit.«
Das Fräulein lispelt: »Wieso?«

Die Gräfin spricht wehmütig:
»Die Liebe ist eine Passion!«
Und präsentieret gütig
Die Tasse dem Herrn Baron.

Am Tische war noch ein Plätzchen;
Mein Liebchen, da hast du gefehlt.
Du hättest so hübsch, mein Schätzchen,
Von deiner Liebe erzählt.

Joachim Ringelnatz

1883–1934

Ferngruss von Bett zu Bett

Wie ich bei dir gelegen
Habe im Bett, weißt du es noch?
Weißt du noch, wie verwegen
Die Lust uns stand? Und wie es roch?

Und all die seidenen Kissen
Gehörten deinem Mann.
Doch uns schlug kein Gewissen.
Gott weiß, wie redlich untreu
Man sein kann.

Weißt du noch, wie wir's trieben,
Was nie geschildert werden darf?
Heiß, frei, besoffen, fromm und scharf.
Weißt du, daß wir uns liebten?
Und noch lieben?

Man liebt nicht oft in solcher Weise
Wie fühlvoll hat dein spitzer Hund bewacht.
Ja unser Glück war ganz und rasch und leise
Nun bist du fern.
Gute Nacht.

Theodor Fontane

1819–1898

Du siehst, es bleibt mit mir beim Alten

Du siehst, es bleibt mit mir beim Alten,
Trotz mancher bittern Neckerei;
Versprechen – und Versprochnes halten –
Ist mir noch immer zweierlei.

Und daß dir alle Zweifel schwinden
An meinem Unverändertsein,
Stell' ich mich mit Entschuld'gungsgründen
Ob meines Schweigens bei dir ein.

Ich habe sechsmal Platz genommen,
Sechsmal die Feder zugestutzt,
Doch was mir in den Sinn gekommen,
War immer dumm und abgenutzt.

Von deutsch-katholischen Vereinen,
Draus mancher Stoff in Masse fischt,
Sag selber – wär' es nicht zum Weinen,
Hätt' ich dir davon aufgetischt!

Schon höhnt' ich mich und all solch Wissen,
Als mir ein Kraftgedanke kam

Und ich die »Sehnsucht, dich zu küssen«,
Zum Stoffe meines Briefes nahm.

Kaum aber hatt' ich angefangen,
Packt' ich schon lächelnd wieder ein; –
Ein Kuß – dies *mündlichste* Verlangen –
Muß mündlich vorgetragen sein!

Hermann Hesse

1877–1962

Ich liebe Frauen

Ich liebe Frauen, die vor tausend Jahren
Geliebt von Dichtern und besungen waren.

Ich liebe Städte, deren Mauern
Königsgeschlechter alter Zeit betrauern.

Ich liebe Städte, die erstehen werden,
wenn niemand mehr von heute lebt auf Erden.

Ich liebe Frauen – schlanke, wunderbare,
Die ungeboren ruhn im Schoß der Jahre.

Sie werden einst mit ihrer sternebleichen
Schönheit der Schönheit meiner Träume
gleichen.

Johann Nikolaus Götz

1721–1781

An Phillis

Ich merke, daß die Flur, die Stadt, die
ganze Welt,
Mir itzo wiederum, auch ohne dich,
gefällt;
Ich höre dich nicht mehr, wie sonst,
erröthend nennen,
Und kann mich überall, gelaßen, von dir
trennen.
Ich glühe Tags nicht mehr, dir immer
nachzuziehn;
In Träumen seh ich dich auch Nachts
nicht mehr entfliehn.
Kein Blick von dir findt mehr den Weg
zu meinem Herzen;
Dein Lächeln macht mir nicht, wie
vormahls, süse Schmerzen.
Ich bin kein König mehr, ertheilstu mir
Gehör;
Und glaube, *Phillis,* fast: *ich liebe dich
nicht mehr.*

Marie Luise Kaschnitz

1901–1974

Am Strande

Heute sah ich wieder dich am Strand
Schaum der Wellen dir zu Füßen trieb
Mit dem Finger grubst du in den Sand
Zeichen ein, von denen keines blieb.

Ganz versunken warst du in dein Spiel
Mit der ewigen Vergänglichkeit
Welle kam und Stern und Kreis zerfiel
Welle ging und du warst neu bereit.

Lachend hast du dich zu mir gewandt
Ahntest nicht den Schmerz, den ich erfuhr:
Denn die schönste Welle zog zum Strand
Und sie löschte deiner Füße Spur.

Bertolt Brecht

1898–1956

Liebeslied

Man muß schon Schnaps getrunken haben
Eh man vor deinem Leibe stand
Sonst schwankt man ob der trunken Gaben
Von schwachen Knien übermannt.

Oh du, wenn im Gesträuche kreisend
Der Wind die Röcke flattern läßt
Und man, das weiche Tuch zerreißend
Die Knie zwischen deine preßt.

Der Abendhimmel macht das Saufen
Sehr dunkel, manchmal violett.
Dazu dein Leib im Hemd zum Raufen
In einem breiten weißen Bett.

Die Wiese schwankt nicht nur vom Trinken
Wenn man in deinen Knien liegt.
Der dunkle Himmel will versinken
Indem er sanft sich schneller wiegt.

Und deine weichen Knie schaukeln
Mein wildes Herz in deine Ruh
Und zwischen Erd und Himmel schaukeln
Wir leicht geschwellt der Hölle zu.

Johann Christian Günther

1695–1723

Die Pest ergriff den Leib der schönen Flavia

Die Pest ergriff den Leib der schönen Flavia,
Der Mund warf Jäscht und Schaum, die Brust
geschwollne Beulen,
Die Augen wurden welck, und niemand war
mehr da,
Und niemand konte sie mit Kraut und Pflaster
heilen.

Ihr treuer Thyrsis kam und warf den treuen
Arm
Der Schönen um den Hals, den Stanck und Eiter
füllte;
Die Liebe macht' ihm mehr als Angst und Fieber
warm,
Daher er in der Schoos die starcke Sehnsucht
stillte.

Seht, welch ein Wunderwerck! Die Krancke
wird entzückt
Und durch den Perlenthau mit neuer Kraft
begoßen;

Sie hebt den schwachen Leib und lacht und
hüpft und drückt,
So daß es, wie man sagt, auch selbst den Tod
verdroßen.

Und kurz, sie ward gesund. Was thut die Liebe
nicht!
Ihr Ärzte, prahlt nicht mehr mit eurem Doctor-
tittel;
Die Kunst, so Thyrsis kan, ist beßer eingericht.
Ihr Mägdgens, lernt und braucht dergleichen
Lebensmittel!

Johann Wolfgang von Goethe

1749–1832

Willkommen und Abschied

Es schlug mein Herz, geschwind zu Pferde!
Es war getan fast eh gedacht.
Der Abend wiegte schon die Erde,
Und an den Bergen hing die Nacht;
Schon stand im Nebelkleid die Eiche
Ein aufgetürmter Riese, da,
Wo Finsternis aus dem Gesträuche
Mit hundert schwarzen Augen sah.

Der Mond von einem Wolkenhügel
Sah kläglich aus dem Duft hervor,
Die Winde schwangen leise Flügel,
Umsausten schauerlich mein Ohr;
Die Nacht schuf tausend Ungeheuer,
Doch frisch und fröhlich war mein Mut:
In meinen Adern welches Feuer!
In meinem Herzen welche Glut!

Dich sah ich, und die milde Freude
Floß von dem süßen Blick auf mich;
Ganz war mein Herz an deiner Seite,
Und jeder Atemzug für dich.
Ein rosenfarbnes Frühlingswetter

Umgab das liebliche Gesicht,
Und Zärtlichkeit für mich, ihr Götter!
Ich hofft' es, ich verdient' es nicht!

Doch ach, schon mit der Morgensonne
Verengt der Abschied mir das Herz:
In deinen Küssen welche Wonne!
In deinem Auge welcher Schmerz!
Ich ging, du standst und sahst zur Erden
Und sahst mir nach mit nassem Blick:
Und doch, welch Glück, geliebt zu werden!
Und lieben, Götter, welch ein Glück!

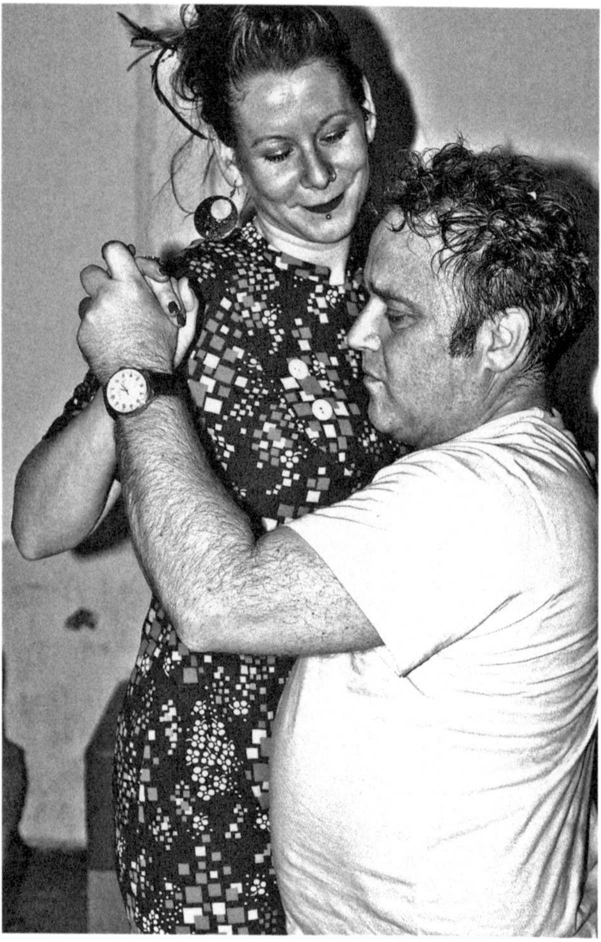

Adelbert von Chamisso

1781–1838

Frauen-Liebe und Leben

I.

Seit ich ihn gesehen,
Glaub' ich blind zu sein;
Wo ich hin nur blicke,
Seh' ich ihn allein;
Wie im wachen Traume
Schwebt sein Bild mir vor,
Taucht aus tiefstem Dunkel
Heller nur empor.

Sonst ist licht- und farblos
Alles um mich her,
Nach der Schwestern Spiele
Nicht begehr' ich mehr,
Möchte lieber weinen
Still im Kämmerlein;
Seit ich ihn gesehen,
Glaub' ich blind zu sein.

2.

Er, der Herrlichste von allen,
Wie so milde, wie so gut!
Holde Lippen, klares Auge,
Heller Sinn und fester Mut.

So wie dort in blauer Tiefe,
Hell und herrlich, jener Stern,
Also er an meinem Himmel,
Hell und herrlich, hoch und fern.

Wandle, wandle deine Bahnen;
Nur betrachten deinen Schein,
Nur in Demut ihn betrachten,
Selig nur und traurig sein!

Höre nicht mein stilles Beten,
Deinem Glücke nur geweiht;
Darfst mich niedre Magd nicht kennen,
Hoher Stern der Herrlichkeit!

Nur die Würdigste von allen
Soll beglücken deine Wahl,
Und ich will die Hohe segnen,
Segnen viele Tausend Mal.

Will mich freuen dann und weinen,
Selig, selig bin ich dann;
Sollte mir das Herz auch brechen,
Brich, o Herz, was liegt daran!

Erich Fried

1921–1988

Nur nicht

Das Leben
wäre
vielleicht einfacher
wenn ich dich
gar nicht getroffen hätte

Weniger Trauer
jedes Mal
wenn wir uns trennen müssen
weniger Angst
vor der nächsten
und übernächsten Trennung

Und auch nicht soviel
von dieser machtlosen Sehnsucht
wenn du nicht da bist
die nur das Unmögliche will
und das sofort
im nächsten Augenblick
und die dann
weil es nicht sein kann
betroffen ist
und schwer atmet

Das Leben
wäre vielleicht
einfacher
wenn ich dich
nicht getroffen hätte
Es wäre nur nicht
mein Leben

Marie Luise Kaschnitz

1901–1974

Ad infinitum

Alle die fortgehen
Durch die Glastür aufs Rollfeld
Durch die Bahnhofssperre
Die sich umdrehen winken
Deren Blicke zu Boden sinken
Deren Gestalten
Langsam undeutlich werden
Alle sind du.
Du stehst bei mir
Wendest dich ab gehst fort
Wirst kleiner und kleiner
Seit wann
Seit der Tod mir am Halse hing
Mir die Kehle zudrückte
Stehst du immer wieder bei mir
Wendest dich ab gehst fort
Den Bahnsteig entlang
Rollfeldüber
Wirst kleiner und kleiner
Stehst da
Wendest dich ab
Gehst –

Sarah Kirsch

geb. 1935

Bei den weissen Stiefmütterchen

Bei den weißen Stiefmütterchen
Im Park wie ers mir auftrug
Stehe ich unter der Weide
Ungekämmte Alte blattlos
Siehst du sagt sie er kommt nicht

Ach sage ich er hat sich den Fuß gebrochen
Eine Gräte verschluckt, eine Straße
Wurde plötzlich verlegt oder
Er kann seiner Frau nicht entkommen
Viele Dinge hindern uns Menschen

Die Weide wiegt sich und knarrt
Kann auch sein er ist schon tot
Sah blaß aus als er dich untern Mantel küßte
Kann sein Weide kann sein
So wollen wir hoffen er liebt mich nicht mehr

Peter Rühmkorf

1929–2008

Liebe Dich, Liebe

Ich liebe Dich, Liebe, ich liebe,
und stündest Du jetzt in der Tür,
ich schwöre Dir, ich verschriebe
dem Satan die Seele dafür.

So richtig real zum Dranglauben,
mit aufgelassenem Haar,
tief hangende Goldregentrauben
wie ein Glanz vom vergangenen Jahr

Ja, so weh geht die Jugend zu Herzen,
so leicht zeigt der Geist sich beirrt –
Nur schade, daß das Verschmerzen
fast täglich beschwerlicher wird.

Eilposten hasten geschwindest
über See – über Land –
Wohl meinend, sie rühren zumindest
einen eisernen Briefkastenrand.

Tief innen versiegelte Lieder
(Ach, zieh sie dir ein und sei gut!)
Fort-fort, und schon ist mir wieder
zum Buchstabenkotzen zumut.

Denn der Rhythmus ist immer derselbe,
und die Reime hat jedermann satt.
Doch da sitz ich nun mal an der Elbe
und warte wie wild auf das gelbe
Briefträgerrad …

Siegfried Kawerau

1886–1936

Wie ein Seemann seine Netze

Wie ein Seemann seine Netze
nieder senkt zum Meeresgrund,
sinken langsam meine Lieder
Dir in Deine Seele und
finden dort erst ihre volle,
heißersehnte große Fülle;
wunderliche goldne Fische
fangen sich in ihrer Hülle.
Steigt's dann schluchzend aus der Tiefe,
gleitet schlängelndes Gefunkel
schlüpfend an den straffen Fäden
schlangengleich ins Wellendunkel:
und in allen blanken Stricken
ist ein Zucken, wirr und bebend,
blasse gelbe Schuppen flimmern
und das Netz hängt bleiern-schwebend.
Einmal wird sichs mühlos heben,
silbermaschig, scheinbar leer,
nur mit einer grauen Muschel,
die sich fand im tiefsten Meer:
doch in diesem schlichten Kleide
liegt ein köstlich Kleinod drin,
eine große, klare Perle,

königlicher Liebe Sinn.
Darum sinken meiner Lieder
Dir in Deiner Seele Grund,
darum such ich immer wieder,
bis ich finde sel'gen Fund.

Ulrich Tukur

geb. 1957

An einen kleinen Stern

Ein Stern schwebt einsam durch die Nacht
Blink, blink, blink!
Der hat nur an den Mond gedacht
Wink, wink, wink!

Da haben beide sich geküßt
Oh, oh, oh!
Und merkten gleich, wie schön das ist
So, so, so!

Doch als der Tag am Himmel stand
Guck, guck, guck!
Da hat die Sonne sie verbrannt
Schluck, schluck, schluck!

Mascha Kaléko

1907–1975

Grossstadtliebe

Man lernt sich irgendwo ganz flüchtig kennen
Und gibt sich irgendwann ein Rendezvous.
Ein Irgendwas, – ’s ist nicht genau zu nennen –
Verführt dazu, sich gar nicht mehr zu trennen.
Beim zweiten Himbeereis sagt man sich ›du‹.

Man hat sich lieb und ahnt im Grau der Tage
Das Leuchten froher Abendstunden schon.
Man teilt die Alltagssorgen und die Plage,
Man teilt die Freuden der Gehaltszulage,
… Das übrige besorgt das Telephon.

Man trifft sich im Gewühl der Großstadtstraßen.
Zu Hause geht es nicht. Man wohnt möbliert.
– Durch das Gewirr von Lärm und Autorasen,
– Vorbei am Klatsch der Tanten und der Basen
Geht man zu zweien still und unberührt.

Man küßt sich dann und wann auf stillen Bänken,
– Beziehungsweise auf dem Paddelboot.
Erotik muß auf Sonntag sich beschränken.
… Wer denkt daran, an später noch zu denken?
Man spricht konkret und wird nur selten rot.

Man schenkt sich keine Rosen und Narzissen,
Und schickt auch keinen Pagen sich ins Haus.
– Hat man genug von Weekendfahrt und Küssen,
Läßt mans einander durch die Reichspost wissen
Per Stenographenschrift ein Wörtchen: ›aus‹!

Eduard Mörike

1804–1875

Begegnung

Was doch heut Nacht ein Sturm gewesen,
Bis erst der Morgen sich geregt!
Wie hat der ungebetne Besen
Kamin und Gassen ausgefegt!

Da kommt ein Mädchen schon die Straßen,
Das halb verschüchtert um sich sieht;
Wie Rosen, die der Wind zerblasen,
So unstet ihr Gesichtchen glüht.

Ein schöner Bursch tritt ihr entgegen,
Er will ihr voll Entzücken nahn:
Wie sehn sich freudig und verlegen
Die ungewohnten Schelme an!

Er scheint zu fragen, ob das Liebchen
Die Zöpfe schon zurechtgemacht,
Die heute Nacht im offnen Stübchen
Ein Sturm in Unordnung gebracht.

Der Bursche träumt noch von den Küssen,
Die ihm das süße Kind getauscht,
Er steht, von Anmut hingerissen,
Derweil sie um die Ecke rauscht.

Heinrich Heine

1797–1856

Wir haben viel füreinander gefühlt,
Und dennoch uns gar vortrefflich vertragen,
Wir haben oft »Mann und Frau« gespielt,
Und dennoch uns nicht gerauft und geschlagen.
Wir haben zusammen gejauchzt und gescherzt,
Und zärtlich uns geküßt und geherzt.
Wir haben am Ende, aus kindischer Lust,
»Verstecken« gespielt in Wäldern und Gründen,
Und haben uns so zu verstecken gewußt,
Daß wir uns nimmermehr wiederfinden.

Erich Mühsam

1878–1934

Liebesweisheit

Jeden packt einmal die dicke Liebe,
packt einmal die feiste Leidenschaft;
und sie dauert, bis zu dem Betriebe
eines Tags der heilige Fleiß erschlafft.
Mit der Tatkraft schwindet die Begeistrung.
Schwer- und Weh- und Übermut entschwebt,
trotz der schämigen Gefühlsverkleistrung,
welcher die Gewohnheit sich bestrebt.
Kritisiert wird, wo man sonst geschmachtet;
die Figur, der Zuschnitt des Gewands
wird mit nörgelndem Verdruß betrachtet –
des bislang geliebten Gegenstands.
Auch der Spendereifer ist geschwunden:
Früher war ein liebreiches Geschenk
mit entzücktem Opferstolz verbunden;
heute schmerzt es nur im Handgelenk.
Und die Hand, die sonst in weichen Wellen
glättend hinfuhr, wo sich zeigt ein Weh,
legt sich neuerdings in solchen Fällen
schwer und wuchtig auf das Portemonnaie.
Freund, hat dich gepackt die dicke Liebe,
und erfüllt dich feiste Leidenschaft – –
prüfe wohl, wann dir zu dem Betriebe

eines Tags der heilige Fleiß erschlafft.
Denn das ist die gottgewollte Stunde,
abzuschließen mit entschlossenem Schnitt,
wo als neuer Mensch zum ewigen Bunde
mit der Frau man zum Altare tritt.

Johann Christian Günther

1695–1723

Als er der Phillis einen Ring mit einem Todten-Kopffe überreichte

Erschrick nicht vor dem Liebes-Zeichen,
Es träget unser künfftig Bild,
Vor dem nur die allein erbleichen,
Bey welchen die Vernunfft nichts gilt.
Wie schickt sich aber Eiß und Flammen?
Wie reimt sich Lieb und Tod zusammen?
Es schickt und reimt sich gar zu schön,
Denn beyde sind von gleicher Stärcke
Und spielen ihre Wunder-Wercke
Mit allen, die auf Erden gehn.

Ich gebe dir diß Pfand zur Lehre:
Das Gold bedeutet feste Treu,
Der Ring daß uns die Zeit verehre,
Die Täubchen, wie vergnügt man sey;
Der Kopff erinnert dich des Lebens,
Im Grab ist aller Wunsch vergebens,
Drum lieb und lebe, weil man kan,
Wer weiß, wie bald wir wandern müssen!
Das Leben steckt im treuen Küssen,
Ach fang den Augenblick noch an!

Alfred Lichtenstein

1889–1914

Nächtliches Abenteuer

Ging da neulich über den Potsdamer Platz
Um 1 Uhr nachts ein allerliebster Fratz.
Ich sprach die Kleine an mit frecher Stirne:
»3 Mark mein Schatz?«

Sagte, sie sei empört
Und finde so etwas unerhört,
Und sagte, sie sei keine Dirne
Und es sei ihr etwas wert, ihr Name,
Und sie sei eine anständige Dame
Und sie gäbe sich nicht für 3 Mark her

Und sie nähme mehr.

Theodor Storm

1817–1888

Du willst es nicht in Worten sagen

Du willst es nicht in Worten sagen;
Doch legst du's brennend Mund auf Mund,
Und deiner Pulse tiefes Schlagen
Tut liebliches Geheimnis kund.

Du fliehst vor mir, du scheue Taube,
Und drückst dich fest an meine Brust;
Du bist der Liebe schon zum Raube
Und bist dir kaum des Worts bewußt.

Du biegst den schlanken Leib mir ferne,
Indes dein roter Mund mich küßt;
Behalten möchtest du dich gerne,
Da du doch ganz verloren bist.

Du fühlst, wir können nicht verzichten;
Warum zu geben scheust du noch?
Du mußt die ganze Schuld entrichten,
Du mußt, gewiß, du mußt es doch.

In Sehnen halb und halb in Bangen,
Am Ende rinnt die Schale voll;
Die holde Scham ist nur empfangen,
Daß sie in Liebe sterben soll.

Otto Julius Bierbaum

1865–1910

Charlotte

Charlotte, lotte, lotte,
Heißt meine Wäscherin,
Sie bringt mir selbst die Wäsche,
Weil ich ihr Liebster bin.

Und hat sie nichts zu bringen,
So kommt sie ohne was,
Kein Tag geht ohne Lotte,
Auf Lotte ist Verlaß.

Kommt ohne Hut und Schleier
Und hat auch kein Korsett;
Weil ich kein Sofa habe,
So setzt sie sich aufs Bett.

Ihr ahnt nicht, wie viel Schönes
Die kleine Lotte hat;
Ich habs schon oft gesehen
Und seh mich doch nicht satt.

Hugo von Hofmannsthal

1874–1929

Die Beiden

Sie trug den Becher in der Hand
– Ihr Kinn und Mund glich seinem Rand –,
So leicht und sicher war ihr Gang,
Kein Tropfen aus dem Becher sprang.

So leicht und fest war seine Hand:
Er ritt auf einem jungen Pferde
Und mit nachlässiger Gebärde
Erzwang er, daß es zitternd stand.

Jedoch, wenn er aus ihrer Hand
Den leichten Becher nehmen sollte,
So war es beiden allzu schwer:

Denn beide bebten sie so sehr,
Daß keine Hand die andre fand
Und dunkler Wein am Boden rollte.

Christian Hofmann von Hofmannswaldau

1616–1679

Die Wollust

Die Wollust bleibet doch der Zucker dieser Zeit,
Was kan uns mehr, denn sie, den Lebenslauf
versüssen?
Sie lässet trinckbar Gold in unsre Kehle fliessen,
Und öffnet uns den Schatz beperlter Liebligkeit,
In Tuberosen kan sie Schnee und Eiß verkehren,
Und durch das ganze Jahr die Frühlingszeit
gewehren.

Es schaut uns die Natur als rechte Kinder an,
Sie schenckt uns ungespart den Reichthum ihrer
Brüste,
Sie öffnet einen Saal voll zimmetreicher Lüste,
Wo aus des Menschen Wunsch Erfüllung quellen
kan.
Sie legt als Mutter uns die Wollust in die Armen,
Und läßt durch Lieb und Wein den kalten Geist
erwarmen.

Nur das Gesetze wil allzu Tyrannisch seyn,
Es zeiget iederzeit ein widriges Gesichte,
Es macht des Menschen Lust und Freyheit gantz
zunichte,

Und flöst für süssen Most uns Wermuthtropffen
ein;
Es untersteht sich uns die Augen zu verbinden,
Und alle Liebligkeit aus unser Hand zu winden.

Die Ros' entblösset nicht vergebens ihre Pracht,
Jeßmin will nicht umsonst uns in die Augen
lachen,
Sie wollen unser Lust sich dienst- und zinsbar
machen,
Der ist sein eigen Feind, der sich zu Plagen tracht;
Wer vor die Schwanenbrust ihm Dornen will
erwehlen,
Dem muß es an Verstand und reinen Sinnen
fehlen.

Was nutzet endlich uns doch Jugend, Krafft
und Muth,
Wenn man den Kern der Welt nicht reichlich
will genüssen,
Und dessen Zucker-Strom läßt unbeschifft
verschüssen,
Die Wollust bleibet doch der Menschen höchstes
Gut,
Wer hier zu Segel geht, dem wehet das Gelücke,
Und ist verschwenderisch mit seinem Liebes-
blicke.

Wer Epicuren nicht für seinen Lehrer hält,
Der hat den Welt-Geschmack und allen Witz
verlohren,
Es hat ihr die Natur als Stiefsohn ihn erkohren,
Er muß ein Unmensch seyn und Scheusaal dieser
Welt;
Der meisten Lehrer Wahn erregte Zwang und
Schmertzen,
Was Epicur gelehrt, das kitzelt noch die Hertzen.

Gottfried August Bürger

1747–1794

Lust am Liebchen

Wie selig, wer sein Liebchen hat,
Wie selig lebt der Mann!
Er lebt, wie in der Kaiserstadt
Kein Graf und Fürst es kann.

Ihm scheinet seiner Seligkeit
Kein Preis auf Erden gleich.
Selbst arm bis auf den letzten Deut,
Dünkt er sich krösusreich.

Die Welt mag laufen, oder stehn;
Und alles mag rund um
Kopf unten oder oben gehn!
Was kümmert er sich d'rum?

Hui! ist sein Wort zu Strom und Wind,
Wer macht aus euch sich was?
Nichts mehr, als wehen kann der Wind,
Und Regen macht nur naß.

Gram, Sorg' und Grille sind ihm Spott;
Er fühlt sich frei und froh,
Und kräht, vergnügt in seinem Gott,
In dulci Jubilo.

Durch seine Adern kreiset frisch
Und ungehemmt sein Blut.
Gesunder ist er, wie ein Fisch,
In seiner klaren Flut.

Ihm schmeckt sein Mahl; er schlummert süß
Bei federleichtem Sinn,
Und träumt sich in ein Paradies
Mit seiner Eva hin.

In Götterfreuden schwimmt der Mann,
Die kein Gedanke mißt,
Der singen oder sagen kann,
Daß ihn sein Liebchen küßt. –

Doch ach! was sing' ich in den Wind,
Und habe selber keins?
O Evchen, Evchen, komm geschwind,
O komm und werde meins!

Rose Ausländer

1901–1988

Ich ging in dich hinein, wie in ein Feld

Ich ging in dich hinein, wie in ein Feld
voll Sommerduft und reicher Ährenlast.
Ich baute mir in dir ein Garbenzelt
und wähnte mich in einem Goldpalast.
Die Tage flogen wild um unser Haus,
die Vögel zogen in uns ein und aus,
der blonde Weizen rieselte wie Wein
in unsern tiefen Kelch der Lust hinein.
So war mein Leben auf ein Tun gestellt:
Dein Herz umspannte meine ganze Welt,
und alle Fluren tanzten um mein Glück.
Da kamen Winde und verwirrten dich,
da kamen Falter und entführten dich,
und ließen mich im Stoppelfeld zurück.

Erich Kästner

1899–1974

Sachliche Romanze

Als sie einander acht Jahre kannten
(und man darf sagen: sie kannten sich gut),
kam ihre Liebe plötzlich abhanden.
Wie andern Leuten ein Stock oder Hut.

Sie waren traurig, betrugen sich heiter,
versuchten Küsse, als ob nichts sei,
und sahen sich an und wußten nicht weiter.
Da weinte sie schließlich. Und er stand dabei.

Vom Fenster aus konnte man Schiffen winken.
Er sagte, es wäre schon Viertel nach vier
und Zeit, irgendwo Kaffee zu trinken.
Nebenan übte ein Mensch Klavier.

Sie gingen ins kleinste Café am Ort
und rührten in ihren Tassen.
Am Abend saßen sie immer noch dort.
Sie saßen allein, und sie sprachen kein Wort
und konnten es einfach nicht fassen.

Friedrich von Hagedorn

1708–1754

Der ordentliche Hausstand

Crispin geht stets berauscht zu Bette,
Und öfters, wann der Tag schon graut.
Sein Weib, die lächelnde Finette,
Lebt mit dem Nachbar recht vertraut.
Ihr ganzes Haus- und Wirthschaftswesen
Ist ordentlich und auserlesen.

Kaum rennt Crispin zum neuen Schmause
Und wittert angenehmen Wein:
So schleicht sein Weibchen aus dem Hause
Und führt den Nachbar selbst hinein.
Ihr ganzes Haus- und Wirthschaftswesen
Ist ordentlich und auserlesen.

Er lobet und beschreibt ihr klüglich
Den wohlgenossnen Rebensaft:
Sie aber rühmt ihm unverzüglich
Des Nachbars gute Nachbarschaft.
Ihr ganzes Haus- und Wirthschaftswesen
Ist ordentlich und auserlesen.

Die Nachmittags- und Abendstunden
Bringt sie mit ihrem Nachbar zu,

Und wann die Nacht sich eingefunden,
Befördert sie des Mannes Ruh.
Ihr ganzes Haus- und Wirthschaftswesen
Ist ordentlich und auserlesen.

Der gute Mann weiß nichts vom Neide:
Die gute Frau darf sich erfreun.
Er gönnt Finetten ihre Freude;
Sie gönnt Crispinen seinen Wein.
Ihr ganzes Haus- und Wirthschaftswesen
Ist ordentlich und auserlesen.

Die Weiber, die den Männern fluchen,
Wenn sie zu oft zu Weine gehn,
Die sollten dieses Haus besuchen
Und der Finette Beyspiel sehn.
Ihr ganzes Haus- und Wirthschaftswesen
Ist ordentlich und auserlesen.

Den Männern, die auf Weiber schmählen,
Wenn sie der Nachbar sittlich macht,
O denen kann Crispin erzehlen,
Der Wein ertränke den Verdacht.
Sein ganzes Haus- und Wirthschaftswesen
Ist ordentlich und auserlesen.

Bertolt Brecht

1898–1956

Entdeckung an einer jungen Frau

Des Morgens nüchterner Abschied, eine Frau
Kühl zwischen Tür und Angel, kühl besehn
Da sah ich: eine Strähn in ihrem Haar war grau
Ich konnt mich nicht entschließen mehr zu gehn.

Stumm nahm ich ihre Brust, und als sie fragte
Warum ich Nachtgast nach Verlauf der Nacht
Nicht gehen wolle, denn so war's gedacht
Sah ich sie unumwunden an und sagte:

Ist's nur noch eine Nacht, will ich noch bleiben
Doch nütze deine Zeit, das ist das Schlimme
Daß du so zwischen Tür und Angel stehst.

Und laß uns die Gespräche rascher treiben
Denn wir vergaßen ganz, daß du vergehst.
Und es verschlug Begierde mir die Stimme.

Robert Gernhardt

1937–2006

Ermunterung

Hallo, süße Kleine,
komm mit mir ins Reine!

Hier im Reinen ist es schön,
viel schöner, als im Schmutz zu stehn,

Hier gibt es lauter reine Sachen,
die können wir jetzt schmutzig machen.

Schmutz kann man nicht beschmutzen,
laß uns die Reinheit nutzen,

Sie derart zu verdrecken,
das Bettchen und die Decken,

Die Laken und die Kissen,
daß alle Leute wissen:

Wir haben alles vollgesaut
und sind jetzt Bräutigam und Braut.

Gotthold Ephraim Lessing

1729–1781

Die eheliche Liebe

Klorinde starb; sechs Wochen drauf
Gab auch ihr Mann das Leben auf,
Und seine Seele nahm aus diesem Weltgetümmel
Den pfeilgeraden Weg zum Himmel.
»Herr Petrus, rief er, aufgemacht!«
»*Wer da?*« – »Ein wackrer Christ.« –
»*Was für ein wackrer Christ?*« –
»Der manche Nacht,
Seitdem die Schwindsucht ihn aufs Krankenbette brachte,
In Furcht, Gebet und Zittern wachte.
Macht bald!« – – Das Tor wird aufgetan.
»*Ha! ha! Klorindens Mann!*
Mein Freund«, spricht Petrus, »*nur herein;*
Noch wird bei Eurer Frau ein Plätzchen ledig sein.«
»Was? meine Frau im Himmel? wie?
Klorinden habt Ihr eingenommen?
Lebt wohl! habt Dank für Eure Müh'
Ich will schon sonst wo unterkommen.«

Joachim Ringelnatz

1883–1934

Pipi

Es drängt mich, dein Pipi zu trinken,
und sieh, nun trinke ich bereits.
O welch Genuß bei deinem Beinespreiz,
o wie die Wasser hurtig blinken.
Ich möchte ganz darin versinken. –
Es ist nicht wahr, daß deine Wasser stinken. –
Nun hörst du auf? O pfui, welch Geiz!

Hans Leip

1893–1983

Die Brücke Tuledu

Auf der Brücke Tuledu
gehn die Mädchen ab und zu.
Hell und duster, groß und klein,
welche wird die Schönste sein?
Jene Schlanken, blond von Haar,
geben tags das rechte Paar.
Doch die Schwarzen, scharf und jung,
küssen gut zur Dämmerung.

Und die Roten, schwül und drall,
sind zu Haus der rechte Fall.
Kühl und keck den Knabenschnitt
nimmt man gern auf Reisen mit.
Dunkle Locken, ringelkraus,
drehn das Licht von selber aus.
Ascheblonde, fitzefein,
liebt man nur bei Mondenschein.

Nur den Sanften, bronzebraun,
soll man gegen Morgen traun.
Und was sonst noch möglich ist,
die sind gut zu jeder Frist.
Sieh, mein Jung, du weißt Bescheid:

nichts ist für die Ewigkeit.
Auf der Brücke Tuledu
gehn die Mädchen – lang man zu!

Michael Krüger
geb. 1943

Das elfte Gebot

Du sollst
nicht sterben,

bitte.

Anna Louisa Karsch

1722–1791

Der Liebhaberhut

In einer weltbekannten Stadt,
Die rare Kaufmannswaaren
Und wunderschöne Weiber hat,
Kam schnell ein Mann gefahren,
Eh sich's sein Weibchen vorgestellt,
Und voller Furcht und Schrecken
Entwich ihr junger Liebesheld;
Ach aber zum Entdecken
Der Heimlichkeit gab's viel Gefahr,
Weil er, zu sehr getrieben,
Rasch aus dem Fenster sprang, so war
Sein Hut noch da geblieben,
Lag auf dem Tischchen unverhüllt,
Viel Argwohn zu erregen,
Doch sie, mit Weiberlist erfüllt,
Springt schlau dem Mann entgegen,
Und ruft: Willkommen, süßer Mann!
Du sollst den Hut probieren,
Ein Trödelweib bot mir ihn an:
Er ist mit goldnen Schnüren
Reich eingefaßt und noch ganz neu,

Und ward aus Noth vergeudet. –
Dem Mann gefällt die Schmeichelei,
Er küßt das Weib und leidet
Daß sie an sein Tuppe* den Hut
Im Puderhaar ihm drücket,
Ruft selber aus: er laßt mir gut!
Und dankt ihr halb entzücket,
Indem sein Aug im Spiegel gafft,
Den Zierrath seines Kopfes,
Den sie ihm heimlich angeschafft. –
Sie lacht des armen Tropfes
Sehr oft auf ihres Lieblings Schooß,
Und spricht mit losem Muthe:
Mein Schatz! wir kamen wohlfeil los
Mit dem vergeßnen Hute.

* Toupet

Kurt Tucholsky

1890–1935

Der andere Mann

Du lernst ihn in einer Gesellschaft kennen.
Er plaudert. Er ist zu dir nett.
Er kann dir alle Tenniscracks nennen.
Er sieht gut aus. Ohne Fett.
  Er tanzt ausgezeichnet. Du siehst ihn dir
    an …
  Dann tritt zu euch beiden dein Mann.

Und du vergleichst sie in deinem Gemüte.
Dein Mann kommt nicht gut dabei weg.
Wie er schon dasteht – du liebe Güte!
Und hinten am Hals der Speck!
  Und du denkst bei dir so: »Eigentlich …
  Der da wäre ein Mann für mich!«

Ach, gnädige Frau! Hör auf einen wahren
Und guten alten Papa!
Hättst du den Neuen: in ein, zwei Jahren
Ständest du ebenso da!
  Dann kennst du seine Nuancen beim Kosen;
  Dann kennst du ihn in Unterhosen;
  Dann wird er satt in deinem Besitze;
  Dann kennst du alle seine Witze.

Dann siehst du ihn in Freude und Zorn,
Von oben und unten, von hinten und vorn ...
Glaub mir: wenn man uns näher kennt,
Gibt sich das mit dem happy end.
Wir sind manchmal reizend, auf einer Feier ...
Und den Rest des Tages ganz wie Herr Meyer.
Beurteil uns nie nach den besten Stunden.

Und hast du einen Kerl gefunden,
Mit dem man einigermaßen auskommen kann:
dann bleib bei dem eigenen Mann!

Holiday Jeans

Johann Christian Günther
1695–1723

An seine Schöne

Was vor Rosen, schöner Engel,
Laufen durch dein Angesicht,
Da mein Vorwiz einen Stengel
Von den reinen Lilgen bricht,
Die in deinem Wollustgarthen
Auf die Hand des Bräutgams warten?

Doch warum würckt mein Erkühnen
Einen solchen Streit in dir?
Scham und Zorn verwirrt die Mienen
Deiner angebohrnen Zier,
Und ich kan aus deinen Sternen
Meines Unglücks Zukunft lernen.

Aber, ach, verdien mein Scherzen
Wohl dergleichen Tyranney,
Daß mein Bildnüs deinem Herzen
Ewiglich ein Greuel sey?
Nein, ich will noch nicht hofen,
Daß mein Argwohn eingetrofen.

Schau nur selbst, die zarten Brüste
Blicken mich so liebreich an,

Daß ich nach der Milch gelüste
Und mich kaum enthalten kann,
Bey so wohlbestellten Sachen
Dich noch einmal roth zu machen.

Hemme, schönes Kind, dein Schelten
Und vergieb die Frevelthat;
Laß auch nicht den Mund vergelten,
Was die Hand verbrochen hat!
Ich will, einen Grif zu büßen,
Dich zur Strafe zehnmal küßen.

Detlev von Liliencron

1844–1909

Der Handkuss

Viere lang,
Zum Empfang,
Vorne Jean,
Elegant,
Fährt meine süße Lady.

Schilderhaus,
Wache raus.
Schloßportal,
Und im Saal
Steht meine süße Lady.

Hofmarschall.
Pagenwall.
Sehr graziös,
Merveillös
Knickst meine süße Lady.

Königin,
Hoher Sinn.
Deren Hand,
Interessant,
Küßt meine süße Lady.

Viere lang,
Vom Empfang,
Vorne Jean,
Elegant,
Kommt meine süße Lady.

Nun wie war's
Heut bei Zars?
Ach, ich bin
Noch ganz hin,
Haucht meine süße Lady.

Nach und nach,
Allgemach,
Ihren Mann
Wieder dann
Kennt meine süße Lady.

Otto Julius Bierbaum

1865–1910

Gigerlette

Fräulein Gigerlette
Lud mich ein zum Tee.
Ihre Toilette
War gestimmt auf Schnee;
Ganz wie Pierrette
War sie angetan.
Selbst ein Mönch, ich wette,
Sähe Gigerlette
Wohlgefällig an.

War ein rotes Zimmer,
Drin sie mich empfing,
Gelber Kerzenschimmer
In dem Raume hing.
Und sie war wie immer
Leben und Esprit.
Nie vergeß ich's, nimmer:
Weinrot war das Zimmer,
Blütenweiß war sie.

Und im Trab mit vieren
Fuhren wir zu zweit
In das Land spazieren,

Das heißt Heiterkeit.
Daß wir nicht verlieren
Zügel, Ziel und Lauf,
Saß bei dem Kutschieren
Mit den heißen vieren
Amor hinten auf.

Friedrich Rückert

1788–1866

Zwölf Freier möcht' ich haben

Zwölf Freier möcht' ich haben, dann hätt'
ich genug,
Wenn alle schön wären und alle nicht klug.
Einen, um vor mir herzulaufen,
Einen, um hinter mir drein zu schnaufen,
Einen, um mir Spaß zu machen,
Und einen, um darüber zu lachen;
Einen traurigen, den wollt' ich schon
fröhlich herzen,
Einen lustigen, ich wollt' ihm vertreiben
das Scherzen,
Einem, dem reicht' ich die rechte Hand,
Einem, dem gäb' ich die linke zum Pfand,
Einem, dem schenkt' ich ein freundlich
Nicken,
Einem, dem gäb' ich ein holdes Blicken,
Noch einem, dem gäb' ich vielleicht einen Kuß,
Und dem letzten mich selber aus Überdruss.

Matthias Koeppel

geb. 1937

Purrnogarrapfhü

Purrno, ömma wüdar Purrno,
mall vann hüntn, mall van vurrno, –
eunzigöss Prubleim darpui:
Getschlachtzorrgune geibptz norr zwui.
Bastnpfullz nuch Monndt ont Baussen,
duch dar kimmt nücht pvill pei raußßn.
Hött' monn pfömpf Getschlachtsorrgunen,
künnt' monn züch pvill mööhr varwuhnen,
ont die Purrnogarrapfhü
wärr's su lostigck, vi nuch nüü.

Frank Wedekind

1864–1918

Brigitte B.

Ein junges Mädchen kam nach Baden,
Brigitte B. war sie genannt,
Fand Stellung dort in einem Laden,
Wo sie gut angeschrieben stand.

Die Dame, schon ein wenig älter,
War dem Geschäfte zugetan,
Der Herr ein höherer Angestellter
Der königlichen Eisenbahn.

Die Dame sagt nun eines Tages,
Wie man zu Nacht gegessen hat:
Nimm dies Paket, mein Kind, und trag es
Zu der Baronin vor der Stadt.

Auf diesem Wege traf Brigitte
Jedoch ein Individuum,
Das hat an sie nur eine Bitte,
Wenn nicht, dann bringe er sich um.

Brigitte, völlig unerfahren,
Gab sich ihm mehr aus Mitleid hin.
Drauf ging er fort mit ihren Waren
Und ließ sie in der Lage drin.

Sie konnt es anfangs gar nicht fassen,
Dann lief sie heulend und gestand,
Daß sie sich hat verführen lassen,
Was die Madam begreiflich fand.

Daß aber dabei die Tournüre
Für die Baronin vor der Stadt
Gestohlen worden sei, das schnüre
Das Herz ihr ab, sie hab sie satt.

Brigitte warf sich vor ihr nieder,
Sie sei gewiß nicht mehr so dumm;
Den Abend aber schlief sie wieder
Bei ihrem Individuum.

Und als die Herrschaft dann um Pfingsten
Ausflog mit dem Gesangverein,
Lud sie ihn ohne die geringsten
Bedenken abends zu sich ein.

Sofort ließ er sich alles zeigen,
Den Schreibtisch und den Kassenschrank,
Macht die Papiere sich zu eigen
Und zollt ihr nicht mal mehr den Dank.

Brigitte, als sie nun gesehen,
Was ihr Geliebter angericht',
Entwich auf unhörbaren Zehen
Dem Ehepaar aus dem Gesicht.

Vorgestern hat man sie gefangen,
Es läßt sich nicht erzählen, wo;
Dem Jüngling, der die Tat begangen,
Dem ging es gestern ebenso.

Eduard Mörike

1804–1875

Nimmersatte Liebe

So ist die Lieb! So ist die Lieb!
Mit Küssen nicht zu stillen:
Wer ist der Tor und will ein Sieb
Mit eitel Wasser füllen?
Und schöpfst du an die tausend Jahr,
Und küßest ewig, ewig gar,
Du tust ihr nie zu Willen.

Die Lieb, die Lieb hat alle Stund
Neu wunderlich Gelüsten;
Wir bissen uns die Lippen wund,
Da wir uns heute küßten.
Das Mädchen hielt in guter Ruh,
Wie's Lämmlein unterm Messer;
Ihr Auge bat: nur immer zu,
Je weher, desto besser!

So ist die Lieb, und war auch so,
Wie lang es Liebe gibt,
Und anders hat Herr Salomo,
Der Weise, nicht geliebt.

Max Herrmann-Neiße

1886–1941

Liebeslied

Wenn dir Andre Rosen brachten
Dornen waren stets von mir;
wenn dich Andre lachen machten,
ich schuf Leid und Tränen dir.
Saß ich auch an deinem Bette,
fühltest doch, wie fern ich blieb:
Sommersee und Bergeskette
hatte ich in Wahrheit lieb!
Küßt' ich tröstend deine Hände,
war mein Herz bei einem Hund,
hing mein Blick am Schmuck der Wände
inn'ger, als an deinem Mund.
Ach, ich habe viel verschuldet,
dort auch, wo ich viel vergab,
und die Schmach, die ich erduldet,
grub sich selbst ihr Armengrab.
Hab dich stets allein gelassen,
war dir meine Hilfe not.
Tat wie blind, wenn in den Gassen
du dich gabst für unser Brot;
wollte wissen nicht, und wußte
doch, wie sehr ich dich zerrieb.
Wenn ich einmal wach sein mußte,

war ich's als ertappter Dieb.
Fremder Duft um deine Kleider,
fremdes Glück in deinem Blick –
ich Schlemihl verzichte leider,
füge mich in mein Geschick,
das ich selber so nur wollte,
das mir sehr zu Recht geschah –
dem ich doch im stillen grollte,
weil ich mich verächtlich sah.
Wenn dich Andre lachen machten,
wie ertappt verstummten wir;
wenn dir Andre Rosen brachten,
Dornen waren stets von mir.

Christian Hofmann von Hofmannswaldau

1616–1679

Wo sind die Stunden

Wo sind die stunden
Der süssen zeit /
Da ich zu erst empfunden /
Wie deine lieblichkeit
Mich dir verbunden?
Sie sind verrauscht / es bleibet doch darbey /
Daß alle lust vergänglich sey.

Das reine schertzen /
So mich ergetzt /
Und in dem tieffen hertzen
Sein merckmahl eingesetzt /
Läst mich in schmertzen /
Du hast mir mehr als deutlich kund gethan /
Daß freundlichkeit nicht anckern kan.

Das angedencken
Der zucker-lust /
Will mich in angst versencken.
Es will verdammte kost
Uns zeitlich kräncken /

Was man geschmeckt / und nicht mehr
schmecken soll /
Ist freuden-leer und jammer-voll.

Empfangne küsse /
Ambrirter safft
Verbleibt nicht lange süsse /
Und kommt von aller krafft;
Verrauschte flüsse
Erquicken nicht was unsern geist erfreut
Entspringt aus gegenwärtigkeit.

Ich schwamm in freude /
Der liebe hand
Spann mir ein kleid von seide /
Das blat hat sich gewandt /
Ich geh' im leide /
Ich wein' itzund / daß lieb und sonnenschein
Stets voller angst und wolcken seyn.

Karl Krolow

1915–1999

Gedicht für J. S.

Auf dem Dezember-Bahnsteig in der ersten
Stunde nach Mitternacht.
Dein Bild in die Kälte geschnitten,
Mit hellem Mantel, den Schal übers Haar getan,
Und einem im Abschied leuchtenden Gesicht!

Ich erfinde dich noch einmal im Augenblick
der Trennung,
Dunkel vor Zärtlichkeit und dem Verlangen
nach Glück,
Mit einer von Zuneigung leisen Stimme
In der winterlichen Frostluft.

Ich erfinde dich noch einmal: geschaffen nun,
Um mit mir zu gehen, einem anderen:
Mann im hochgeschlagenen Mantelkragen,
Der das Fenster im Fernzug-Abteil herunterläßt
und winkt.

Du bleibst zurück, auf Fluten grauen Windes
treibend,
Zurück mit Umarmung und Kuß und dem
Geruch deiner Haut.

Das schwarze und weiße Schachbrett der
Schneeenacht
Liegt über deinem Gesicht; und ich weiß,
Daß nichts an dir für mich bestimmt ist.

Wolfgang Borchert

1921–1947

Abschied

Laß mir deinen Rosenmund
noch für einen Kuß.
Draußen weiß ein ferner Hund,
daß ich weiter muß.

Laß mir deinen hellen Schoß
noch für ein Gebet.
Mach mich aller Schmerzen los!
– horch, der Seewind weht.

Laß mir noch dein weiches Haar
schnell für diesen Traum:
Daß dein Lieben Liebe war –
laß mir diesen Traum!

Rainer Maria Rilke

1875–1926

Mein Herz

Ich weiß nicht, was ich habe,
mir ist ums Herz so schwer ...
Ums Herze? Ach was sag ich –
ich hab doch keines mehr.
Seit ich, mein Glück, dich kenne,
du süßes Liebchen mein,
vom ersten Augenblicke an
wars ja doch schon dein.
O mögst du es behalten,
damit es stets so blieb –
es soll ja dir gehören,
nur dir, mein süßes Lieb!
Giebs nie mehr mir zurücke –
es schlägt dir ja in Treu –
und willst du's nicht mehr haben
mein Schatz, dann brichs entzwei.

Janosch

geb. 1931

Das Liebesbrief-Ei

Ein Huhn verspürte große Lust
unter den Federn in der Brust,
aus Liebe dem Freund, einem Hahn zu schreiben,
er solle nicht länger in Düsseldorf bleiben.
Er solle doch lieber hier – zu ihr eilen
und mit ihr die einsame Stange teilen,
auf der sie schlief.
Das stand in dem Brief.

Wir müssen noch sagen: Es fehlte ihr an gar
    nichts.
Außer an Briefpapier. Da schrieb sie ganz
    einfach und deutlich mit Blei
den Liebesbrief auf ein Hühnerei.
Jetzt noch mit einer Marke bekleben
und dann auf dem Postamt abgeben.

Da knallte der Postmann den Stempel aufs Ei.
Da war sie vorbei,
die Liebelei.

Quellennachweis

Herausgeber und Verlag danken den Rechteinhabern für die freundliche Genehmigung des Abdrucks der Gedichte.

Rose Ausländer (1901–1988)
Ich ging in dich hinein, wie in ein Feld
Aus: Rose Ausländer, *Die Erde war ein atlasweißes Feld. Gedichte 1927–1956.* © S. Fischer Verlag GmbH, Frankfurt am Main 1985

Otto Julius Bierbaum (1865–1910)
Charlotte
Gigerlette
Aus: *Irrgarten der Liebe. Verliebte launenhafte und moralische Lieder. Gedichte und Sprüche aus den Jahren 1885 bis 1900.* Insel Verlag, Schuster und Loeffler, Berlin und Leipzig 1901

Wolfgang Borchert (1921–1947)
Abschied
Aus: Wolfgang Borchert, *Das Gesamtwerk,* hrsg. von Michael Töteberg unter Mitarbeit von Irmgard Schindler. © Rowohlt Verlag GmbH, Reinbek bei Hamburg 2007

Bertolt Brecht (1898–1956)
Die Ballade vom Liebestod

Erinnerung an die Marie A.
Liebeslied
Aus: Bertolt Brecht, *Werke. Große Kommentierte Berliner und Frankfurter Ausgabe, Band 11: Gedichte 1.*
© Suhrkamp Verlag, Frankfurt am Main 1988
Entdeckung an einer jungen Frau
Aus: Bertolt Brecht, *Werke. Große Kommentierte Berliner und Frankfurter Ausgabe, Band 13: Gedichte 3.*
© Suhrkamp Verlag, Frankfurt am Main 1993

Gottfried August Bürger (1747–1794)
Liebeszauber
Aus: *Deutsches Gedichtbuch*, zusammengestellt von Uwe Berger und Günther Deicke. Aufbau-Verlag, Berlin 1963
Lust am Liebchen
Aus: Gottfried August Bürger, *Bürgers Gedichte*, hrsg. von Arnold G. Berger, Kritisch durchgesehene und erläuterte Ausgabe. Bibliographisches Institut, Leipzig 1930

Adelbert von Chamisso (1781–1838)
Frauen-Liebe und Leben
Aus: Adelbert von Chamisso, *Sämtliche Werke. Band 1.* Carl Hanser Verlag, München 1982

Richard Dehmel (1863–1920)
Nicht doch
Aus: Richard Dehmel, *Gesammelte Werke in drei Bänden, Bd. 1.* S. Fischer Verlag, Berlin 1920

Günter Eich (1907–1972)
Tango
Aus: Günter Eich, *Gesammelte Werke in vier Bänden, Band 1: Die Gedichte. Die Maulwürfe,* hrsg. von Axel Vieregg. © Suhrkamp Verlag, Frankfurt am Main 1991

Hans Magnus Enzensberger (geb. 1921)
Ich bin, was du vergessen hast
Aus: Hans Magnus Enzensberger, *Gedichte* 1950–2010. © Suhrkamp Verlag, Berlin 2010

Paul Fleming (1609–1640)
Wie Er wolle geküsset seyn
Aus: *Lyrik des Barock 1*, hrsg. von Marian Szyrocki. Rowohlt Taschenbuch Verlag GmbH, Reinbek bei Hamburg 1971

Theodor Fontane (1819–1898)
Du siehst, es bleibt mit mir beim Alten
Aus: Theodor Fontane, *Sämtliche Romane, Erzählungen, Gedichte, Nachgelassenes, Sechster Band*, hrsg. von Walter Keitel und Helmuth Nürnberger. Carl Hanser Verlag, München 1978

Erich Fried (1921–1988)
Nur nicht
Was es ist
Aus: Erich Fried, *Es ist was es ist*. © Verlag Klaus Wagenbach, Berlin 1983

Robert Gernhardt (1937–2006)
Ermunterung
Aus: Robert Gernhardt, *Gesammelte Gedichte.* 1954–2006. © S. Fischer Verlag GmbH, Frankfurt am Main 2008

Johann Wolfgang von Goethe (1749–1832)
Willkommen und Abschied
Aus: Johann Wolfgang von Goethe, *Werke, Hamburger Ausgabe in 14 Bänden*. C. H. Beck'sche Verlagsbuchhandlung, München 1981

Johann Nikolaus Götz (1721–1781)
An Phillis
Aus: Johann Nikolaus Götz, *Gedichte von Johann Nicolaus Götz aus den Jahren 1745–1765. Deutsche Literaturdenkmale des 18. und 19. Jahrhunderts*, begründet von B. Seuffert, fortgeführt von A. Sauer.
G. J. Göschen'sche Verlagshandlung, Stuttgart 1893

Johann Georg Greflinger (ca. 1620 – ca. 1677)
An eine sehr häßliche Jungfrau
An eine vortreffliche, schöne und tugendbegabte Jungfrau
Aus: *Lyrik des Barock 1*, hrsg. von Marian Szyrocki. Rowohlt Taschenbuch Verlag GmbH, Reinbek bei Hamburg 1971

Johann Christian Günther (1695–1723)
Als er der Phillis einen Ring mit einem Todten-Kopffe überreichte
An seine Schöne
Die Pest ergriff den Leib der schönen Flavia
Aus: *Gesammelte Gedichte*, hrsg. von Herbert Heckmann. Carl Hanser Verlag, München 1981
Auf die Verstellung derer Frauenzimmer
Aus: Johann Christian Günther, *Sämtliche Werke, 6 Bände, Band 1*. Leipzig 1930

Friedrich von Hagedorn (1708–1754)
Der ordentliche Hausstand
Aus: Friedrich von Hagedorn, *Gedichte*, hrsg. von Manfred Windfuhr. Philipp Reclam jun. Verlag, Stuttgart 1961

Heinrich Heine (1797–1856)
Ein Jüngling liebt ein Mädchen …
Sie saßen und tranken am Teetisch …

Wir haben viel füreinander gefühlt …
Aus: Heinrich Heine, *Werke und Briefe in 10 Bänden, Bd. 1*. Aufbau Verlag, Berlin 1961

Max Herrmann-Neiße (1886–1941)
An einen Backfisch vom Bayrischen Platz
Dein Haar hat Lieder, die ich liebe
Liebeslied
Aus: Max Herrmann-Neiße, *Gesammelte Werke in zehn Bänden*, hrsg. von Klaus Völker.
© www.Zweitausendeins.de, 1986–1988

Hermann Hesse (1877–1962)
Ich liebe Frauen
Aus: Hermann Hesse, *Sämtliche Werke, Band 10: Die Gedichte.* © Suhrkamp Verlag, Frankfurt am Main 2002

Hugo von Hofmannsthal (1874–1929)
Die Beiden
Aus: Hugo von Hofmannsthal, *Gesammelte Werke, Erste Reihe in drei Bänden, Band 1*. Berlin 1924

Christian Hofmann von Hofmannswaldau (1616–1679)
Die Wollust
Aus: *Herrn von Hofmannswaldau und andrer Deutschen auserlesene und bisher ungedruckte Gedichte nach einem Druck vom Jahre* 1667, hrsg. von A. G. de Capua und E. A. Philippson. Niemeyer Verlag, Bd. 1, Tübingen 1961, Bd. 2, Tübingen 1965
Wo sind die Stunden
Aus: *Lyrik des Barock 11*, hrsg. von Marian Szyrocki. Rowohlt Taschenbuch Verlag GmbH, Reinbek bei Hamburg 1971

Janosch (geb. 1931)
Das Liebesbrief-Ei
Aus: *Überall und neben dir: Gedichte für Kinder und Erwachsene*, hrsg. von Hans Joachim Gelberg. Beltz, Weinheim 2010. © Janosch/Little Tiger Verlag GmbH

Mascha Kaléko (1907–1975)
Das letzte Mal
Großstadtliebe
Aus: Mascha Kaléko, *Das lyrische Stenogrammheft. Kleines Lesebuch für Große*. © Rowohlt Verlag GmbH, Hamburg 1956

Anna Louisa Karsch (1722–1791)
Der Liebhaberhut
Aus: *Lauter Lust, wohin das Auge gafft*. Verlag Philipp Reclam jun., Leipzig 1971

Marie Louise Kaschnitz (1901–1974)
Ad infinitum
Aus: Marie Luise Kaschnitz, *Gesammelte Werke in 7 Bänden*, hrsg. von Christian Bütterich und Norbert Miller. Insel Verlag, Frankfurt am Main 1983
Am Strande
Aus: Marie Luise Kaschnitz, *Überallnie, Ausgewählte Gedichte* 1928–1965. Claassen Verlag, Hamburg 1998 © Iris Schnebel-Kaschnitz

Erich Kästner (1899–1974)
Sachliche Romanze
Aus: Erich Kästner, *Lärm im Spiegel*. © Atrium Verlag, Zürich 1929, und Thomas Kästner

Siegfried Kawerau (1886–1936)
Wie ein Seemann seine Netze
Aus: Siegfried Kawerau, *Lieder aus dem Dunkel.*
Max Schildberger, Berlin 1910

Sarah Kirsch (geb. 1935)
Bei den weißen Stiefmütterchen
Aus: Sarah Kirsch, *Sämtliche Gedichte.* © Deutsche Verlags-Anstalt, München, in der Verlagsgruppe Random House GmbH 2005

Matthias Koeppel (geb. 1937)
Purrnogarrapfhü
Aus: Matthias Koeppel, *Starckdeutsch. Eine Auswahl der stärksten Gedichte.* © Verlag Klaus Wagenbach, Berlin 1975

Karl Kraus (1874–1936)
Dein Fehler
Aus: *Lesebuch für Verliebte und Werke in Versen.*
Kösel Verlag, München 1974

Karl Krolow (1915–1999)
Gedicht für J. S.
Aus: Karl Krolow, *Gesammelte Gedichte. Band 4.*
© Suhrkamp Verlag, Frankfurt am Main 1997

Michael Krüger (geb. 1943)
Das elfte Gebot
Aus: Michael Krüger, *Kurz vor dem Gewitter: Gedichte.*
© Suhrkamp Verlag, Frankfurt am Main 2003

Else Lasker-Schüler (1869–1945)
Ein Liebeslied
Aus: Else Lasker-Schüler, *Werke und Briefe. Kritische*

Ausgabe. Band 1, 1: Gedichte. © Jüdischer Verlag im Suhrkamp Verlag, Frankfurt am Main 1996

Hans Leip (1893–1983)
Die Brücke Tuledu
Drei rote Rosen
Musik: Norbert Schultze, Text: Hans Leip
© Apollo-Verlag Paul Lincke GmbH (Universal Music Publishing Group)

Gotthold Ephraim Lessing (1729–1781)
Die eheliche Liebe
Die schlafende Laura
Aus: Gotthold Ephraim Lessing, *Werke, Erster Band. Gedichte Fabeln Lustspiele*, hrsg. von Herbert G. Göpfert. Carl Hanser Verlag, München 1970

Alfred Lichtenstein (1889–1914)
Der Rauch auf dem Felde
Nächtliches Abenteuer
Aus: Alfred Lichtenstein, *Gedichte*, edition grillenfänger. Udo Degener Verlag, Potsdam 2010

Detlev von Liliencron (1844–1909)
Der Handkuss
Aus: Detlev von Liliencron, *Gesammelte Werke*, hrsg. von Richard Dehmel. Schuster und Loeffler, Berlin 1921
Hans der Schwärmer
Aus: *Adjudantenritte und andere Gedichte*. Deutsche Verlags-Anstalt, Berlin und Leipzig 1888

Christian Morgenstern (1871–1914)
Lieb ohne Worte
Aus: Christian Morgenstern, *Gesammelte Werke in einem Band*. Piper Verlag, München 2008

Eduard Mörike (1804–1875)
Begegnung
Aus: *Die deutsche Lyrik des 19. Jahrhunderts*, hrsg. von Theodor von Sosnosky. Cotta'sche Verlagsbuchhandlung, Stuttgart 1901
Nimmersatte Liebe
Aus: Eduard Mörike, *Sämtliche Werke in vier Bänden. Erster Band: Gedichte.* Carl Hanser Verlag, München 1981

Erich Mühsam (1878–1934)
Liebesweisheit
Aus: Erich Mühsam, *Trotz allem Mensch sein, Gedichte und Aufsätze*, hrsg. von Jürgen Schiewe und Heiner Maußner. Reclam Verlag, Stuttgart 1984

Karl Reinhard (1769–1840)
Der bescheidene Liebhaber
Aus: Karl Reinhard, *Gedichte.* Bei Johann Friedrich Hammerich, Altona 1819

Rainer Maria Rilke (1875–1926)
Du bist, als ob du segnen müßtest
Liebes-Lied
Mein Herz
Aus: Rainer Maria Rilke, *Sämtliche Werke*, hrsg. vom Rilke-Archiv. In Verbindung mit Ruth Sieber-Rilke. Besorgt durch Ernst Zinn. Insel Verlag, Frankfurt am Main 1955

Joachim Ringelnatz (1883–1934)
Ferngruß von Bett zu Bett
Pipi
Seemannstreue
Aus: Joachim Ringelnatz, *Das Gesamtwerk in sieben Bänden, Bd. 1 1.* Diogenes Verlag, Zürich 1994

Eugen Roth (1895–1976)
Gezeiten der Liebe
Aus: Eugen Roth, *Sämtliche Werke, Bd. 1/5*. Carl Hanser Verlag, München und Wien 1977
© Thomas Roth, 1976

Friedrich Rückert (1788–1866)
Zwölf Freier möcht' ich haben
Aus: *Friedrich Rückerts Werke in sechs Bänden*, hrsg. von Dr. Conrad Beyer. Verlag Max Hesse, Leipzig 1900

Peter Rühmkorf (1929–2008)
Liebe Dich, Liebe
Aus: Peter Rühmkorf, *Wenn – aber dann. Vorletzte Gedichte*. © Rowohlt Verlag, Reinbek bei Hamburg 1999

Johann Elias Schlegel (1719–1749)
Mein Mann will nicht, ich darf's nicht wagen
Aus: *Lauter Lust, wohin das Auge gafft*. Verlag Philipp Reclam jun., Leipzig 1971

Christian Daniel Schubart (1739–1791)
Mädchenlaune
Aus: *Schubarts Werke in einem Band*. Volksverlag, Weimar 1962

Kurt Schwitters (1887–1948)
An Anna Blume
Aus: Kurt Schwitters, *Das literarische Werk*, hrsg. von Friedhelm Lach. © DuMont Buchverlag, Köln 1973

Friedrich Leopold Graf zu Stolberg (1750–1819)
Wahl meiner künftigen Gattin und ihrer Eigenschaften
Aus: *Des Weibes Leib ist ein Gedicht*. Fischer Verlag, Frankfurt am Main 2009

Theodor Storm (1817–1888)
Du willst es nicht in Worten sagen
Aus: Theodor Storm, *Sämtliche Werke, Gedichte, Märchen und Spukgeschichten, Novellen.* Aufbau Verlag, Berlin und Weimar 1972

Kurt Tucholsky (1890–1935)
Der andere Mann
Aus: Kurt Tucholsky, *Gesammelte Werke.* Rowohlt Verlag, Reinbek 1960

Unbekannter Dichter
Willst du dein Herz mir schenken
Aus: *Deutsches Gedichtbuch*, zusammengestellt von Uwe Berger und Günther Deicke. Aufbau Verlag, Berlin 1963

Frank Wedekind (1864–1918)
Brigitte B.
Mein Käthchen
Aus: Frank Wedekind, *Die vier Jahreszeiten.* Verlag Bruno Cassirer, Berlin 1909

© Katharina John

Der Herausgeber

Ulrich Tukur, 1957 in Viernheim geboren, ist einer der bekanntesten deutschen Schauspieler. Für seine Arbeit erhielt er bereits zahlreiche Preise, zuletzt wurde er 2011 als bester deutscher Schauspieler mit der Goldenen Kamera ausgezeichnet. 2005 erschien sein Erzählungsband *Die Seerose im Speisesaal*. Ulrich Tukur lebt mit seiner Frau, der Photographin Katharina John, in Venedig.

Der Verlag dankt Katharina John für die freundliche Genehmigung zum Abdruck ihrer Photographien.

ISBN 978-3-550-08864-3

Gesetzt aus der Sabon und der Neutra
Satz: LVD GmbH, Berlin
Druck und Bindearbeiten: CPI – Clausen & Bosse, Leck
Printed in Germany

Ulrich Tukur
Die Seerose im Speisesaal

Venezianische Geschichten
www.list-taschenbuch.de
ISBN 978-3-548-60839-6

Ulrich Tukur ist mit diesem Band eine bezaubernde Hommage an die Lagunenstadt gelungen, wo er seit Jahren lebt. Seine Geschichten sind romantisch, komisch und voller liebenswerter Figuren. Mit unbändigem Vergnügen und einer tiefen Zuneigung nähert er sich den Spuren in dieser Stadt und fügt sie zusammen zu einem poetischen Vexierspiel zwischen Vergangenheit und Gegenwart, Fiktion und Realität.

»Ein Buch über skurrile Menschen, dessen Sprache wie Musik schwingt.« *Welt am Sonntag*

»Ein Erzähler, wie er im Buche steht.« *Frankfurter Rundschau*

»Ach, wenn Ulrich Tukur sich doch nur entschließen könnte, weiterzuschreiben: Das wären schöne Aussichten.« *NDR Kultur*

List Taschenbuch

L357